JN007617

Reading Aloud
The Ideal Pronunciation Practice

フォニックス英語音読

Jumique Imai
ジュミック今井
著

クロスメディア・ランゲージ

はじめに

読者の皆さま、こんにちは。著者のジュミック今井です。『フォニックス英語音読』を手に取ってくださりありがとうございます。この本はフォニックスと音読が一度に学べる画期的な学習本です。音読で使用する英文は日常生活でのワンシーンや、短編小説のエッセンスを含んだものなど多岐に渡っています。フォニックス音読をコツコツ続けていくことで、必ずや皆さんの英語力はアップしていきます。詳しくは本文をお読みいただくとして、ここではフォニックスを学ぶ目的と音読の効果について触れたいと思います。

フォニックスを学ぶ目的について

フォニックスはつづり字の音とルールを示した学習法ですが、究極的な学習の目的はｐやｂといった音をうまく発音できることの先にある「何か」を達成することです。この「何か」というのは学習者によって異なり、旅行が好きな人であれば「海外で食べたい料理が注文できる」、会社員であれば「会議で自分の意見を英語で言える」、学生さんなら「TOEIC でハイスコアを取る」といったことです。フォニックスは単音の学習ではありますが、もちろんｐ（プッ）やｂ（ブッ）が完璧に発声できたらそれで終わりというわけではありません。むしろ、フォニックスを通して、英語学習のスタート地点に立っているとお考えください。なぜなら小さな音の先には単語があり、単語の先には文がある。そして文が段落を作り、会話という大きな世界まで広がっていくからです。フォニックスで得た知識は、対面で英語を使うリアルな場面、つまりはスピーキング力やリスニング力の求められる場面で困らないための素地作りです。もし、私が誰かに「フォニックスを学ぶ目標は何ですか？」と聞かれたら、発音力の向上もさることながら、最終的には英語を使ったコミュニケーションの達人になることです、と答えるでしょう。

フォニックス音読は、英語回路を作る最強の学習法

フォニックス音読は、単に英文を音読するだけではありません。フォニックスで学んだ音を音声変化に照らし合わせ、会話や文章で活かします。皆さんは音読は究極のアウトプットだということをご存じですか。英語を話しているとき、自分の発音やイントネーションに戸惑ってしまい、発話がストップすることがありますが(いわゆる口ごもってしまう現象です)、これは音読によって克服することができます。例えば、red bag という文字を見て、これが「赤いバッグ」だと楽にイメージできますよね。日本人はこのように**文字と意味をつなげる**のは得意だと思いますが、「レッバッ」と聞いてとっさに red bag だと理解できるでしょうか。これはなかなか難しいはず。ではどうやって攻略すればよいかというと、“ひたすら声に出して読む”のです。音読は音と意味をつなげるのに最適なのです。文字で見ればわかる文を、今度は聞いてそれを理解するには、**音と意味をつなげる**回路を作らなくてはなりません。この回路作りが音読です。黙読だけでは足りません。必ず声に出して読むことを日課としましょう。ちなみに先ほどの red bag ですが、b の前の d、語尾の g は音が落ちるという法則があるため、red bag の赤い箇所が「ッ」のようになります。音読はこういったルールを、実際に自分の口を使って耳にすり込ませていきます。泳げるようになるには、プールに入って水をかいてみることが必要ですよね。それと同じく英語が話せるようになるには、まずは口を使って言ってみること。これにつきます。この本の臨場感あふれる会話や文章を使って、ぜひとも音読をお楽しみくださいね。

最後に、フォニックス音読は「伝える」から「伝わる」英語の習得を目指します。「音読って楽しい！」そう思えたら、習得の入り口まで来ています。『フォニックス英語音読』がみなさまの英語学習のより良きナビゲーターとなりますよう！

CONTENTS

CHAPTER 1 | フォニックス・ルール

CHAPTER 2 | ダイアローグを音読する

CHAPTER 3 | 文章を音読する

本書の特長と使い方

Chapter 1　フォニックス・ルール

100種類のフォニックス・ルールを掲載しています。Chapter 1では、まずフォニックスの基礎をしっかりと学びます。口の動かし方や発音のコツを読み、何度も声に出して練習しましょう。「フォニックサイズ」はリズムに合わせて音読を行うエクササイズですので、テンポ良くリズミカルに発声してくださいね。フォニックスのルールを一通り学んだ後は、語句の音声変化を学びます。音声変化は5つに大別することができ、どういった条件のもとで音の変化が起きるのかを具体的に説明しています。フォニックスと音声変化の基礎固めをしっかりと行い、Chapter 2からの音読に備えます。

Chapter 2　ダイアローグを音読する／Chapter 3　文章を音読する

ダイアローグ（Chapter 2）

ダイアローグの音声は、2名のプロのナレーターさんによって、臨場感たっぷりに読まれています。友人同士や会社の同僚との会話など、リアルな場面に即した設定になっていますので、さまざまな表現も学べます。繰り返し音読練習を行うのはもちろんのこと、役者になったつもりで「なりきる」ことが大切です。実際の会話でも、みなさんは感情を込めて英語を話しているはず。それと同じように音読をすれば、より身近に英語を感じることができます。音声を止めてナレーターさんの後について言い、慣れてきたらご自身で二役をこなしてみてください。

文章（Chapter 3）

文章は、日記やブログ、短編小説など様々なシーンが設けられていますので、その中の登場人物になりきって音読を行います。英文はどれもナチュラルスピードで読まれていますので、まずはスピードに慣れることに注力しましょう。実際の会話やニュースではこれぐらいのスピードはごくごく普通です。（いえ、時にはもっと速いことも！）最初はちょっと大変かなと思っても、大丈夫。練習を重ねることで、きちんと読めるようになります。

フォニックスのルールと音をチェック！

ターゲットとなる単語を選び、フォニックスの説明をしています。「なぜ、このつづり字はそのように読むのだろう…」「なぜ、日本人はこの発音が苦手なのかな…」といった小さな疑問に答えるのがこのコーナーです。フォニックスの奥深さを知ることができるのはもちろんのこと、英語の豆知識としても有用な情報が満載です。

音声変化をマスターしよう！～ダイアローグ(ストーリー)からピックアップ～

ダイアローグや文章からピックアップした5つの音声変化を、解説を通して学びます。ぜひ、皆さんも音声変化の法則を使って音読をしてみましょう。ネイティブのような発音が身につきます。なお、言える音は聞き取ることもできますので、発音力を磨くことで、並行的にリスニング力もアップします。

ディクテーション

ディクテーションは書き取りのこと。もちろん、音声は何度聞いても構いません。なお、紙面には1回分の書き取りスペースがありますが、ご自身で専用のノートを用意し、繰り返し書いて練習するというのもオススメです。

Tongue Twister　フォニックスと数字の早口言葉

アメリカ人のナレーターさんに読んでいただいています。“早口言葉”ということだけあり、かなりのスピードですが、このスピードに慣れたら、どんな英語でも聞き取れるようになるはず！　最初のうちはうまく言えなくても構いません。早口言葉は口の動きがすべてですので、習うより慣れろの精神で、まずは声に出して言ってみましょう。数にからめた早口言葉を取り上げていますので、音読を通して数字にも強くなれます。

音声データとフォニックス・ルールの無料ダウンロード

音声データのダウンロード

本書『フォニックス英語音読』に対応した音声ファイル（mp3 ファイル）を下記URL から無料でダウンロードすることができます。ZIP 形式の圧縮ファイルです。

本文に登場する音や語句、ダイアローグや文章、早口言葉の音声が収録されています。Chapter 1 のフォニックス 100 ルールは、メトロノームのカチッカチッというリズムと共に読まれています。Chapter 2, 3 のダイアローグと文章はナチュラルなスピードで読まれており、早口言葉はかなり速いスピードです。アメリカ英語のナレーションです。

ダウンロードした音声ファイル（mp3）は、iTunes 等のmp3 再生ソフトやハードウエアに取り込んでご利用ください。
ファイルのご利用方法や、取込方法や再生方法については、出版社、著者、販売会社、書店ではお答えできかねますので、各種ソフトウエアや製品に付属するマニュアル等をご確認ください。
音声ファイル（mp3）は、『フォニックス英語音読』の理解を深めるために用意したものです。それ以外の目的でのご利用は一切できませんのでご了承ください。

フォニックス・ルールと音声変化の法則のダウンロード

本書 Chapter 1 でご紹介している 100 のフォニックス・ルールと音声変化の法則をまとめた PDF をダウンロードすることができます。

Chapter 2, 3 の「フォニックスのルールと音をチェック！」学習の際、この 100 のフォニックス・ルールと音声変化の法則を参照しながら読むと、理解が一層深まります。

https://www.cm-language.co.jp/books/phonicsondoku/

CHAPTER

1

フォニックス・ルール

英語のつづり字と音の関係を学びます。英語には独特のリズムやイントネーション、強勢がありますので、音読を通してそれらを身につけます。大きな声ではっきりと英語を言うクセをつけることも大切です。

フォニックスと音読

音読はなぜ重要なの？

フォニックス音読は、英文を声に出して朗読するだけではなく、フォニックスや音声変化の法則を、ダイアログや文章の中で活用することを目的の１つとしています。それにより、きれいで通じる発音が身についていきます。ではまず、なぜ音読が重要なのかについてお話ししましょう。音読の最大のメリットは、日本語を介在させずに、**英語を英語のまま理解できるようになる**こと。英語がそのまま理解できるなんて、考えただけでもワクワクしませんか。実際、文字を見て意味がわかっても、音声を聞いてそれがわからなければ会話は成立しませんし、発音が通じるものでなければ､意思疎通もうまく図れません｡音読はスピーキングとリスニングの両方とつながっており、**音読の先には円滑なコミュニケーションの獲得**があるのです。なお、音読の際は、音声をそっくりそのまま真似ましょう。自分の発音には長い間放置されたままの悪いクセが残っていたりしますので、決して自己流に走らず、お手本通りに読むことが大切です。また、学習の成果を確認するには、自分の音声を聞くこと。「それはちょっと…」とおっしゃる方がいるかもしれませんが、学習プロセスを「見える化」するにはサンプルを取るのが一番です。スマホの録音ソフトなどを使い、ご自身の声を録音していきましょう。ちなみに、音読する際は後ろから前に戻らないようにしてください。意味を確認するために、読み返すという作業をしている方がいると思いますが、耳に入ったままの順番で理解することが大切です。後ろから戻ってしまうと、英語を英語のまま理解するという回路が阻害されます。読み終わった後、意味はいつでも確認できますので、戻りたくなっても、ここはぐっと我慢しましょう。

音読によって…

- 英語を英語のまま理解するという回路ができる
- 悪いクセが抜け､発音力が向上する
- 円滑なコミュニケーションの獲得につながる
- 後ろから前に振り返って読み返すクセがなくなる

フォニックスについて

フォニックスは、英語のつづり字と発音の関係を示した学習法です。皆さんはアルファベットには**アルファベット読み**と**フォニックス読み**があるのをご存じですか。アルファベット読みはABCをそのまま「エィ」「ビー」「スィー」と読みますが、フォニックス読みでは「ア」「ブ」「クッ」です。つまりアルファベット読みは文字の「名前」を、フォニックス読みは文字の「音」を読んでいることになります。

アルファベット読み ➡ **アルファベットの「名前」**
フォニックス読み ➡ **アルファベットの「音」**

例えば、hatのそれぞれの音ですが、hは「ハ」、aは「ア」、tは「ト」ですので、これらをつなげると「ハット」になります。一方、lakeのlは「ル」、aは「エィ」、kは「ク」と読みますので、全体では「レィク」となります（語尾のeは読みません）。見ての通り、hatとlakeの母音字はどちらもaですが、読み方は異なります。前者は「ア」で後者は「エィ」です。

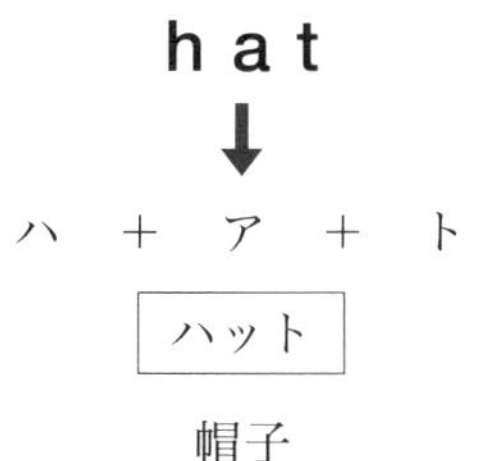

hat
↓
ハ ＋ ア ＋ ト
ハット
帽子

lake
↓
ル ＋ エィ ＋ ク
レィク
湖

実は、ここには2つのルールが適用されており、1つは①単語の中に母音字（a, i,

u, e, o）が１個しかないとき、その母音字をフォニックス読みするというもの（よって hat の a は「ア」）、もう１つは②母音字（a, i, u, e, o）＋子音＋e で単語が終わるとき、母音字をアルファベット読みし語尾の e は読まないというもの（よって lake の a は「エィ」）です。lake は②のルールに則っているため決して「ラケ」とはなりません！　こういったフォニックスのルールがわかるようになると、基本的な単語の約７割は読めるようになります。この本では、まず単語を使ってフォニックス・ルールの発音練習を行い、次に会話や文章を用いて音読の練習をしますので、何度も声に出していくうちに英語らしい発音が自然と身についていきます。

語句の音声変化について

この本では、フォニックスの法則の他に音声変化も取り上げています。フォニックスは単音の学習ですが、音声変化は**単音が隣り合うことで起きる変化**のこと。音声変化の特徴を知ると、英語のつづり字は必ずしも見た目通りに発音されるとは限らないということがわかってきます。実際の例として、句や文中で単語と単語が隣り合うと、語尾と語頭で化学反応が起こり、本来の音とはまったく違うものになってしまうことがよくあります。なお、これらの変化は全部で５つ、**脱落、連結、同化、短縮、弱形**です。英語はスピードをつけていかにもそれらしく話す必要などはありません。私の教室の生徒さんにもむしろゆっくりと心地良いペースで発声することを勧めていますが、これが不思議なもので、英会話に慣れてくると、自然に音が落ちたり、くっついたりし始めます。この本ではそういった音声の現象をひも解いていますので、ぜひともフォニックスのルールとあわせて音声変化も学んでいきましょう。

～英語の音声変化は全部で５つ～

脱落	連結	同化	短縮	弱形

英語の韻律を楽しもう

take, tell, tall, tap のように語頭の音が揃っている韻を**アリタレーション**

(alliteration［頭韻］)、day、way、pay、say のように語尾の音が揃っている韻を**ライミング**（rhyming［脚韻］）と言います。ネイティブ・スピーカーは子どものときからこのような音韻遊びを通して語彙力を高め、英語らしいリズムを自然に体得していきます。なお、Chapter 2, 3 の各ユニットの終わりには、数字を使った早口言葉< Tongue Twister >を掲載しています。口の動かし方の訓練にもなりますので、ぜひともチャレンジしてくださいね。

アリタレーション（alliteration）
➡ 単語の頭の音を揃えた韻

ライミング（rhyming）
➡ 単語の終わりの音を揃えた韻

音読の効果

実際の授業でも私は音読の練習を導入していますが、生徒さんの評判も上々です。中にはネイティブスピーカー顔負けの発音で音読ができるようになった方もいますし、リスニングの力が向上したという嬉しいフィードバックも届いています。以下は私と一緒に音読のエクササイズを行った生徒さんからのコメントです。(※自由回答形式のアンケートを実施しました)

Q 1：フォニックス音読をしてみて、いかがでしたか？

- 最初はちゃんと読めるかどうか不安だったが、練習を繰り返すうちにちゃんと読めるようになった。
- リズムに乗って音読ができるようになった。
- 黙読より、声に出して読むほうが断然楽しい。
- 最初のうちはゆっくりやったので、繰り返した分だけよくわかったが、初見は結構難しいと思った（単語がなんせ読めないので）。苦手な部分の集中的な練習も必要だと思った。

- 英語の発音が良くなったと言われたことが嬉しい。
- それまで意識することのなかった、英語の速さやテンポを体感できた。

Q２：フォニックス音読を始めてみて、ご自身の英語に変化はありましたか？

- 単語ごとに話すのではなく、つながって音が変化するというのが少しずつ理解できてきたので、変化はあったと思う。
- 単語のぶつ切りから、かたまりで読めるようになった。
- 英語で書いてある文は何でも読んでみる気になった。
- 電車の中吊り広告（英語で書かれているもの）の読み方を気にするようになった。
- 文をどこで区切るのかわかるようになった。
- リスニング力が上がった。
- 舌が滑らかに動くようになってビックリした（これはすごい進歩！）。また、長年の夢であった指笛ができるようになった。
- 初心者の人、英語に興味を持っている人に「楽しいし、成果が実感できるからとりあえずやってみよう!!」とお伝えしたい。

Q３：フォニックス音読はどういう人に向いていると思いますか？

- カラオケの好きな人。
- 感覚をつかむのがうまい人。
- モノマネ上手な人。
- 楽しく学びたい人。

Q 4：音読練習をするのに際し、具体的にはどういった方法が効果的だと思いますか？

- 立って手や足でリズムを取りながらやっている。
- 家の中で、本を片手に歩きながら音読している（テンポに乗りやすい感じがする）。
- 英語にはリズムがあることがわかったので、タクトを振るように手で感覚をつかむとうまくいった。
- 授業のときのように、1行ずつ相手と交互に音読をし合うのが楽しい。

フォニックス音読の効果

- ☑ リスニング力と発音力が並行的に向上する。
- ☑ 英語を声にするのが楽しくなる。
- ☑ 英語を英語らしく読めるようになる。
- ☑ 日本語に訳さなくても英語を英語として理解できるようになる。
- ☑ リズムの大切さを認識できる。
- ☑ 日々の暮らしの中で、英語アンテナが常に敏感に反応するようになる。
- ☑ 目と口が連動しているので、単語が覚えやすい。

アルファベットの読み方

アルファベットは全部で26文字です。では、まずは基本の基本であるアルファベット読みから学んでいきたいと思います。アルファベット読みはABCをそのまま「エィ、ビー、スィ」と読めばよいのでさほど難しくはないと思いますが、Aを「エー」、Hを「エッチ」と発音している人がいるかもしれません（Aは「エィ」、Hは「エィチ」です）。特に母音に注意しながら、音声を聴いてみてくださいね。

Track 001

a b c d e f g h i j k l
m n o p q r s t u v w x
y z

都市コードでアルファベット読みを学ぼう

Track 002

アルファベット読みは、BBCやMBAなどの略名にもよく使われます。例えば、BBCはBritish Broadcasting Corporation（英国放送協会）、MBAはMaster of Business Administration（経営学修士）の略ですが、こうした頭文字も正しく発音できるようになりたいもの。そこで、都市コードを題材に、アルファベット3文字を音読してみたいと思います。音声の後について、くっきりはっきりと微妙な音の違いを言い分けましょう。※ちなみに、都市コードと空港コードは異なる場合があります。ここに掲載されているのは都市コードです。

都市コード	都市名
ATL	Atlanta アトランタ
BKK	Bangkok バンコク
CAI	Cairo カイロ
DPS	Denpasar デンパサール
MEL	Melbourne メルボルン
FRA	Frankfurt フランクフルト
GUM	Guam グアム
HAV	Havana ハバナ
IST	Istanbul イスタンブール

JKT	Jakarta ジャカルタ
HKG	Hong Kong 香港
LON	London ロンドン
MIL	Milan ミラノ
DEN	Denver デンバー
OSL	Oslo オスロ
PAR	Paris パリ
KMQ	Komatsu 小松
ROM	Rome ローマ

SIN	Singapore シンガポール
TPE	Taipei 台北
HOU	Houston ヒューストン
GVA	Geneva ジュネーブ
WAS	Washington, DC ワシントンDC
MEX	Mexico City メキシコシティ
SYD	Sydney シドニー
ZRH	Zurich チューリッヒ

A～Zのつづり字を含む都市コード、ちゃんと言えましたか。繰り返し音声を聞き、ナレーターさんのきれいな発音を真似してくださいね。

フォニックス・ルール一覧

さて、ここからはいよいよフォニックスのルールが登場します。**この本で取り上げるルール数は全部で100個です。これさえ覚えれば、さまざまな英単語がちゃんと読めてきちんと言えるようになります。**メトロノームのカチッカチッというリズムに合わせて音読していきましょう。

アルファベット読み

＜＜文字のname（名前）を表す＞＞

AからZまでのアルファベット読みは全部で26個ありますが、全体で1ルールとします。アルファベット読みは、Aはエィ、Bはビーのようにそのまま読みます。なお、カタカナ発音ではJはジェー、Kはケーのように語尾が伸びますが、英語ではジェィ、ケィのように二重母音です。ほんのちょっとした違いではありますが、英語の音の基礎の基礎ですので、きちんと身につけておきましょう。 Track 003

ルール番号	上段：アルファベットの文字 中段：発音記号 下段：読み方						
1	a	b	c	d	e	f	g
	/ei/	/biː/	/siː/	/diː/	/iː/	/ef/	/dʒiː/
	エィ	ビー	スィー	ディー	イー	エフ	ジー
	h	i	j	k	l	m	n
	/eitʃ/	/ɑi/	/dʒei/	/kei/	/el/	/em/	/en/
	エィチ	アィ	ジェィ	ケィ	エル	エンム	エンヌ

	o	p	q	r	s	t	u
	/ou/	/piː/	/kjuː/	/ɑːr/	/es/	/tiː/	/juː/
	オゥ	ピー	キュー	アーr	エス	ティー	ユー
1	v	w	x	y	z		
	/viː/	/dʌ́bljuː/	/eks/	/wɑi/	/ziː/		
	ヴィー	ダブ リュゥ	エクス	ワィ	ズィー		

カタカナでそれぞれの音を表していますが、必ずしもまったく同じとは限りませんので、ネイティブスピーカーによる音声を聞き、自分の耳で確認しながら声に出していきましょう。なお、rの読み方に「r」が記されていますが、このrは舌先を口の中の天井に向けて反り上げるという印です。

フォニックス読み

<<文字のsound（音）を表す>>

いよいよフォニックス読みの練習です。アルファベット読みと同様にメトロノームの音に合わせて音声が吹き込まれていますので、リズムに乗りながら楽しく英語を声に出していきましょう。なお、レッツ・フォニックサイズでは、Chapter 2, 3に出てくる単語を多く取り上げていますので、ここでしっかりと単語の読み方を予習しておきましょう。

（1） 1字つづりの母音

母音字（a, e , i, o, u）をフォニックス読みするグループです。

短母音と呼ばれるフォニックス読みの母音は1字1音が原則です。カタカナで表すとア、イ、エになりますが、実際は日本語とはずいぶん異なる音色を持っています。

1字つづりの母音

（短母音とも言います）

Track 004

ルール番号	つづり字	発音記号	読み方	発音の仕方
2	a	/æ/	ア	口の端を引き、笑顔でにっこり「エ」の口で「ア」。
3	e	/e/	エ	口の端を引き「エ」。
4	i	/ɪ/	イ	eと同様に、口の端を引いて「イ」。
5	o	/ɑ/	ア	指2本分、口を縦に開けて「ア」。
6	u	/ʌ/	ア	口をあまり開けずに喉奥から強く「ア」。

レッツ・フォニックサイズ

Track 005

※フォニックサイズは、メトロノームのリズムに合わせて行う音読のエクササイズです。

a	cat ネコ	family 家族	map 地図
e	every すべての	red 赤い	well 上手に
i	big 大きい	hit 打つ	win 勝つ

o	copy 写し	lot たくさん	stop 止まる
u	lunch ランチ	study 勉強する	under 下に

（2） 1字つづりの子音

子音字をフォニックス読みするグループです。

こちらも1字1音が原則ですが、xのように2音で構成されているものもあります。また、qの後にはたいていuのつづり字が続くため、この本ではquで表記することにします。鋭い音を持つもの、たくさんの息を吐き出すものなど日本語の音色とは異なる子音が多数登場します。

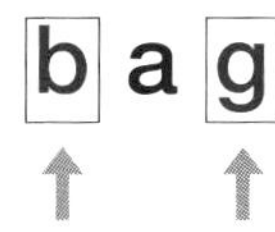

1字つづりの子音

（単語の骨格を作ります）

Track 006

ルール番号	つづり字	発音記号	読み方	発音の仕方
7	p	/p/	プ	閉じた唇を一気に開く。ペアの音
8	b	/b/	ブ	
9	かたいC	/k/	クッ	舌の後ろを喉奥につけてから離す。ペアの音
	k			
10	かたいG	/g/	グッ	

11	t	/t/	トッ	舌先を歯茎にあててから離す。 ペアの音
12	d	/d/	ドッ	
13	s	/s/	ス	舌先を歯茎に近づける。 ペアの音
	やわらかいC			
14	z	/z/	ズ	
15	f	/f/	フ	前歯を下の唇にそっとあてる。 ペアの音
16	v	/v/	ヴ	
17	h	/h/	ハ	喉の奥から息をたくさん出す。
18	j	/dʒ/	ジ	舌先を歯茎にあててから離す。 メモ　dのつづり字もあります。※弱母音の前。 (例) schedule
	やわらかいG			
19	m	/m/	(ン) ム	閉じた唇を開き、鼻から声を抜かす。
20	n	/n/	(ン) ヌ	舌先を歯茎にあて(このとき唇が少し開く)、鼻から声を抜かす。
21	l	/l/	ル	舌先を歯茎にあててから離す。
22	r	/r/	ゥルッ	唇をすぼめて、舌先を口の中の天井に向ける。
23	qu	/kw/	クゥッ	/k/と/w/がくっついた2字2音。 メモ　qの後にはたいていuが続きますので、2文字になっています。

24	x	/ks/	クス	/k/と/s/がくっついた1字2音。
25	w	/w/	ウッ	唇をタコのように突き出す。
26	y	/j/	ィヤ	舌先を下の歯の裏側にあてる。

レッツ・フォニックサイズ

Track 007

p	party パーティー	pool プール	parent 親
b	believe 信じる	book 本	boss 上司
かたいC	card カード	cook 料理をする	cover 覆う
k	kind 種類	like 好きだ	walk 歩く
かたいG	game ゲーム	go 行く	goal 目標
t	talk 話す	team チーム	type 型
d	day 日	decade 10年間	desk 机

s	sight 視覚	sister 姉妹	supply 供給する
やわらかい C	center 中央	decide 決心する	since 以来
z	zigzag ジグザグの	horizon 地平線	amazing すばらしい
f	fetch 取ってくる	forget 忘れる	full いっぱいの
v	vine （植物の）つる	invite 招待する	love 愛する
h	hand 手	hear 聞く	hurry 急ぐ
j	Japan 日本	job 仕事	just ちょうど
やわらかい G	age 年齢	imagine 想像する	marriage 結婚
m	March 3 月	meeting 会議	mind 心
n	name 名前	nearly ほぼ	night 夜

l	last 最後の	leg 足	lucky ラッキーな
r	rainy 雨降りの	reply 返事をする	room 部屋
qu	question 質問	quick 速い	quiet 静かな
x	excited わくわくする	express 急行の	text （携帯で）メッセージを送る
w	wait 待つ	wind 風	wish 願う
y	year 年	yellow 黄色	yes はい

（3） 2字つづりの子音

2つの子音が1つの新しい音を作るグループです。

2字つづりの子音

（新しい音になります）

このグループのつづり字は、2つの子音字が連なることで、新しい音を作るグループです。th には息の TH と声の TH があり、有声音と無声音で対をなしています。日本語にはない子音ですので、音読練習を繰り返し行い、微妙な音のニュアンスの違いを学びましょう。ck や ng は語頭には現れないつづり字です。また、ph と gh

はｆと同じ音です。

Track 008

ルール番号	つづり字	発音記号	読み方	発音の仕方
27	ch	/tʃ/	チ	舌先を歯茎につけてから離す。 メモ　tchのつづり字もあります。（例）catch（捕まえる）
28	sh	/ʃ/	シュ	唇をタコのように突き出す。
29	si	/ʒ/	ヂュ	
	su			
30	息のTH	/θ/	ス	舌先を前歯で軽く噛む。
31	声のTH	/ð/	ズ	
32	ck	/k/	クッ	舌の付け根を喉奥にくっつけてから離す。
33	ph	/f/	フ	前歯を下の唇にそっとあてる。
	gh			
34	wh	/hw/ または /w/	ホワッ ワッ	口をすぼめ気味に、息をたくさん吐き出す。 メモ　つづり字はwhですがhwの順番で読みます。なお、wだけを発音する話者も多くいます。
35	ng	/ŋ/	ング	舌の付け根を喉奥につけ「ン」と言った後、「グ」を続ける。 メモ　nのつづり字もあります。（例）pink（ピンク色）

ch	check チェックする	cherry さくらんぼ	such そのような
sh	shop 店	short 短い	should するべきだ
si	decision 決心	television テレビ	version バージョン
su	casual カジュアルな	usual いつもの	visual 視覚の
息の TH	thank 感謝する	think 考える	bath 風呂
声の TH	that あれは	then そのとき	this これ
ck	back 後ろに	luck 幸運	pick 選ぶ
ph	phone 電話	photo 写真	graph グラフ
gh	enough じゅうぶんな	cough 咳	laugh 笑う
wh	when いつ	while ～している間	why なぜ

ng	charming すてきな	long 長い	strong 強い

（4） サイレントE

単語の終わりが「母音＋子音＋ e」のとき、母音をアルファベット読みし、e は読まないグループです。

サイレントE（静かなE）は、単語の終わりが「母音＋子音＋ e」のとき、e は読まずにその母音をアルファベット読みするというルールです。time を分解すると「t + i+m+e」となり、下線部分がサイレントEの箇所にあたります。なお、このルールの単語は語尾の e を取ると直前の母音がアルファベット読みからフォニックス読みに変わるというユニークな特徴を持っています。time で言えば、time（時間）から Tim（男性の名前）に変わってしまうというわけです。

サイレントE

（i をアルファベット読みし、e は読みません）

Track 010

ルール番号	つづり字	発音記号	読み方	発音の仕方
36	a_e	/ei/	エィ	口の端を引き「エ」と言い、小さな「ィ」を足す。
37	i_e	/ai/	アィ	口を大きく開け「ア」と言い、小さな「ィ」を足す。
38	o_e	/ou/	オゥ	唇をまるめて「オ」と言い、小さな「ゥ」を足す。

39	u_e	/juː/ または /uː/	ユー ウー	(1)「ユー」と音を伸ばす。 (2) 口をすぼめて「ウー」と発音。
40	e_e	/iː/	イー	口の端を引いて「イー」。

レッツ・フォニックサイズ

Track 011

a_e	awake 目が覚めた	late 遅い	same 同じ
i_e	line 線	time 時間	wide 広い
o_e	home 家	joke ジョーク	rose 薔薇
u_e	excuse 言い訳	huge 巨大な	June 6月
e_e	eve (祝祭日の) 前夜	scene 景色	theme テーマ

(5) 母音ペア①

2つの母音字が並ぶとき、最初の文字をアルファベット読みするグループです。

母音ペア①は、2つの母音字のうち最初のほうだけをアルファベット読みし、後ろの文字は読みません。May(五月)の ay はこのグループのつづり字で、a を「エィ」と読み y は読みません。なお、ie だけは2つの読み方があり、1つは i をアルファベット読み、もう1つは e をアルファベット読みします。

母音ペア①

（最初の母音字をアルファベット読みし、後ろの母音字は読みません）

Track 012

ルール番号	つづり字	発音記号	読み方	発音の仕方
41	ai ay	/ei/	エィ	口の端を引き「エ」と言い、小さな「ィ」を足す。
42	ie①	/ɑi/	アィ	口を大きく開け「ア」と言い、小さな「ィ」を足す。
	ie②	/iː/	イー	口の端を引いて「イー」。
43	ea ee	/iː/	イー	口の端を引いて「イー」。
44	oa ow	/ou/	オゥ	唇をまるめて「オ」と言い、小さな「ゥ」を足す。
45	ue ui	/juː/ または /uː/	ユー ウー	(1)「ユー」と音を伸ばす。 (2) 口をすぼめて「ウー」と発音。

レッツ・フォニックサイズ

Track 013

ai	main 主な	plain 明らかな	wait 待つ
ay	May 5月	say 言う	today 今日

ie ①	flies fly(飛ぶ)の三単現	fried fry(揚げる)の過去形	tried try(試す)の過去形
ie ②	believe 信じる	field 牧草地	relieved ほっとした
ea	deal 取引	leave 出発する	season 季節
ee	feel 感じる	sleep 寝る	week 週
oa	boat ボート	coast 海岸	roast （直火で）焼く
ow	know 知っている	own 自分の	show 見せる
ue	due ～する予定だ	true 真実の	venue 会場
ui	cruise クルージング	fruit フルーツ	juicy ジューシーな

（6） 母音ペア②

2つの母音字が1つの新しい音を作るグループです。

母音ペア②は、2つの文字が連なることで新しい音を作るというルールです。前述の母音ペア①は2つの母音字のうち最初の文字をアルファベット読みするというものでしたが、母音ペア②は音の化学変化が起こり新しい音になります。なお、ow

のつづり字は２つの読み方があり、１つは「オゥ」、もう１つは「アゥ」です。

母音ペア②

（新しい音になります）

Track 014

ルール番号	つづり字	発音記号	読み方	発音の仕方
46	oi oy	/ɔi/	オィ	口を丸めて「オ」と言い、小さな「ィ」を足す。
47	ou ow	/ɑu/	アゥ	口を大きく開けて「ア」と言い、小さな「ゥ」を足す。
48	短いOO	/u/	ウッ	唇を丸めて短く「ウッ」。 メモ　uのつづり字もあります。（例）put（置く）
49	長いOO	/uː/	ウー	唇をタコのように突き出し、「ウー」と音を伸ばす。
50	au aw	/ɔː/	オー	口を大きく開けて「オー」。
51	ew	/juː/ または /uː/	ユー ウー	(1)「ユー」と音を伸ばす。 (2) 口をすぼめて「ウー」と発音。
52	ei	/ei/	エィ	口の端を引き「エ」と言い、小さな「ィ」を足す。

oi	choice 選択	coin 硬貨	noise 騒音
oy	boy 少年	enjoy 楽しむ	toy おもちゃ
ou	house 家	south 南	mouth 口
ow	allow 認める	brown 茶色	town 街
短い OO	good 良い	look 見る	wood 森
長い OO	choose 選ぶ	food 食べ物	soon すぐに
au	August 8月	daughter 娘	launch 開始する
aw	awful ひどい	flawless 完璧な	law 法律
ew	blew blow(吹く)の過去形	few いくつかの	new 新しい
ei	eight 8	neighbor 隣人	weight 重量

（7） 子音混合音

2文字または3文字が連結し、それぞれの音の特徴が残るグループです。

子音混合音は、親となる1字つづりの子音を中心にSグループ、Lグループ、Rグループ、そして3文字のグループに分類されます。子音と子音の間に母音をはさまず一気に素早く読むのがコツです。

<Sグループ>

「s＋子音字」の連結です。間髪を入れずに一気に読みます。

sの子音混合音

（この部分を一気に読みます）

Track 016

ルール番号	つづり字	発音記号	読み方	発音の仕方
53	st	/st/	ストッ	「ス」＋歯茎にあてた舌先を離して「トッ」。
54	sp	/sp/	スプッ	「ス」＋閉じた唇を一気に開いて「プッ」。
55	sc	/sk/	スクッ	「ス」＋喉の奥にあてた舌を離して「クッ」。 メモ　schのつづり字もあります。（例）school（学校）
	sk			
56	sm	/sm/	スム	「ス」＋唇を閉じ、鼻から声を抜かして「ム」。

57	sn	/sn/	スヌ	「ス」＋歯茎にあてた舌先を離して「ヌ」。
58	squ	/skw/	スクゥ	「ス」＋喉の奥にあてた舌を離して「ク」と言った後、唇を丸めて「ゥ」。
59	sw	/sw/	スゥッ	「ス」＋唇を丸めて「ウッ」。

レッツ・フォニックサイズ

Track 017

st	staple 主要な	sticky ねばねばする	rest 休息
sp	speak 話す	spirit 精神	sports スポーツ
sc	scarf スカーフ	scope 範囲	score 得点
sk	sketch スケッチ	sky 空	desk 机
sm	small 小さい	smart 賢い	smell におい
sn	snack 軽食	snake ヘビ	snow 雪
squ	square 広場	squeeze ぎゅっと握る	squint 目を細める

sw	sweet 甘い	swift 迅速な	swim 泳ぐ

<L グループ>

「子音字＋l」の連結です。母音をはさまないよう一気に読みましょう。

lの子音混合音

（この部分を一気に読みます）

Track 018

ルール番号	つづり字	発音記号	読み方	発音の仕方
60	cl	/kl/	クル	喉の奥にあてた舌を離し＋「ル」。
61	gl	/gl/	グル	
62	pl	/pl/	プル	閉じた唇を一気に開き＋「ル」。
63	bl	/bl/	ブル	
64	fl	/fl/	フル	下唇にあてた前歯を離し＋「ル」。
65	sl	/sl/	スル	歯茎に舌先を近づけて＋「ル」。

レッツ・フォニックサイズ

Track 019

cl	class クラス	clean きれいな	closet クローゼット

gl

glad 嬉しい　glass ガラス　glove 手袋

pl

place 場所　platform プラットホーム　please 喜ばせる

bl

blend 混ぜる　bliss 至福　blue 青い

fl

flash 点滅する　flight フライト　flyer ちらし

sl

sleep 寝る　slide スライド　slip 紙片

< R グループ >

「子音字＋ r」の連結です。r のこもった響きが残ります。

gr の子音混合音

（この部分を一気に読みます）

Track 020

ルール番号	つづり字	発音記号	読み方	発音の仕方
66	pr	/pr/	プゥル	閉じた唇を一気に開き＋「ウル」。
67	br	/br/	ブゥル	
68	cr	/kr/	クゥル	喉の奥にあてた舌を離し＋「ウル」。
69	gr	/gr/	グゥル	

70	fr	/fr/	フゥル	下唇にあてた前歯を離し＋「ゥル」。
71	dr	/dr/	ジュゥル	舌先を歯茎につけ「ジュ」＋「ゥル」。
72	tr	/tr/	チュゥル	舌先を歯茎につけて「チュ」＋「ゥル」。

レッツ・フォニックサイズ

pr	pretty かわいい	pride 誇り	product 商品
br	brave 勇敢な	break 壊れる	bring 持ってくる
cr	cream クリーム	create 創造する	crispy パリパリした
gr	grain 穀物	great すごい	green 緑色の
fr	frank 率直な	French フランス人	Friday 金曜日
dr	drain 排水口	dream 夢	drink 飲む
tr	train 電車	truly 本当に	try 試みる

<3文字のグループ>

文字数が増えても、子音と子音の間には母音をはさまず一気に発音します。

3文字の子音混合音

(この部分を一気に読みます)

Track 022

ルール番号	つづり字	発音記号	読み方	発音の仕方
73	spl	/spl/	スプルッ	舌先を歯茎に近づけ「ス」＋「プルッ」。
74	spr	/spr/	スプゥル	舌先を歯茎に近づけ「ス」＋「プゥル」。
75	str	/str/	スチュゥル	舌先を歯茎に近づけ「ス」＋「チュゥル」。
76	scr	/skr/	スクゥル	舌先を歯茎に近づけ「ス」＋「クゥル」。
77	thr	/θr/	スゥル	舌先を前歯で軽く噛み「ス」＋「ゥル」。

レッツ・フォニックサイズ

Track 023

spl	splash (水が)はねる	splendid すばらしい	splinter (木材の)とげ
spr	spray スプレーでかける	spread 広まる	spring 春

str	**stranger** 見知らぬ人	**stretch** ストレッチをする	**strike** (姿勢を) 取る
scr	**scratch** かく	**scream** 大声で叫ぶ	**screen** スクリーン
thr	**three** 3	**thrilled** わくわくした	**throw** 投げる

(8) rつきの母音

母音にrがつき、母音とrとで混合音を作るグループです。

rつきの母音は、母音とrがくっついて新しい音を作ります。舌先を口の中の天井のほうへ反り上げて音を作るため、全体的にくぐもった音色を持っています。

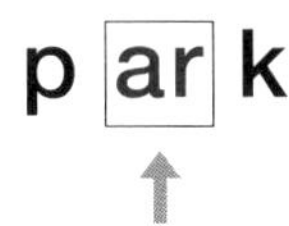

rのついた母音
(母音とrの混合音です)

※「アーr」のように、読み方の終わりに「r」が記されていますが、このrは舌先を口の中の天井のほうに向けるという印です。

Track 024

ルール番号	つづり字	発音記号	読み方	発音の仕方
78	ar	/ɑːr/	アーr	大きく口を開け、「アー」と言いながら、舌先を上へ反らせる。

79	er ir ur	/əːr/	ア r	舌先を少し上へ向けたまま、口をあまり開けずに「ア」。 メモ　earのつづり字もあります。(例) pearl (真珠)
80	ear ere eer	/iər/	イアー r	口の端を左右に引き「イァ」と言いながら、舌先を上へ反らせる。
81	oor ure	/uər/	ウァ r	唇を突き出し「ウァ」と言いながら舌先を上へ反らせる。 メモ　/juər/は「ユァ r」と発音します。
82	are air	/eər/	エァー r	口の端を強く引き「エァー」と言いながら、舌先を上へ反らせる。
83	or ore oar	/ɔːr/	オーァ r	口をすぼめ、「オーァ」と言いながら、舌先を上へ反らせる。 メモ　oorのつづり字もあります。(例) floor (床)
84	ire	/ɑiər/	アイァ r	口を大きく開け「アイァ」と言い、舌先を上へ反らせる。
85	our ower	/ɑuər/	アゥァ r	口を大きく開け「アゥァ」と言い、舌先を上へ反らせる。

ar	hard 大変な	market 市場	start 始まる
er	perm パーマをかける	term 期間	verb 動詞
ir	bird 鳥	firm 確固とした	third 3番目
ur	church 教会	purple 紫色	return 戻る
ear	tear 涙	near 近い	clearly 明らかに
ere	here ここに	severe 深刻な	sphere 球体
eer	beer ビール	career キャリア	cheer 歓呼する
oor	boor 無礼な人	moor (船を)つなぐ	poor 貧しい
ure	cure 治療する	lure 魅惑する	pure 純粋な
are	careful 注意深い	rare まれな	scared おびえた

air	fair 公平な	hair 髪	pair 一対
or	born 生まれる	forward 前へ	morning 朝
ore	before ～より前に	core 核心	store 蓄える
oar	boar イノシシ	roar （動物が）ほえる	soar 上昇する
ire	desire 欲求	entire 全体の	require 要求する
our	flour 小麦粉	hour 時間	our 私たちの
ower	shower シャワー	tower 塔	power 力

（9） 弱い母音

弱音節に現れる母音グループです。

弱くて短い母音のため、全体的にくぐもった響きを持っています。なお、スピードがつくと音が落ちることもあります。

弱い母音

（弱く、くぐもった響きを持っています）

Track 026

ルール番号	つづり字	発音記号	読み方	発音の仕方
86	a	/ə/	ア	自然な口のかたちで、喉の奥から弱く短く。 メモ　eは「ェ」寄り、iは「ィ」寄りの音になることもあります。また、aiのつづり字もあります。（例）certainly（かしこまりました）
	e			
	i			
	o			
	u			
	ou			
87	i	/i/	ィ	自然な口のかたちで、喉の奥から弱く短く。語尾のeyとyは少し伸び気味になる。 メモ　eiのつづり字もあります。（例）foreign（外国の）
	e			
	ey			
	y			
88	ar	/ər/	ァ r	自然な口のかたちで、喉の奥から弱く「ァ r」。 メモ　ureのつづり字もあります。（例）pressure（プレッシャー）
	er			
	ir			
	or			
	ur			

Track 027

a	again 再び	around ～の周りに	character 性格
e	confidence 自信	inconvenience 不便	moment 一瞬
i	ability 能力	opportunity 機会	possible 可能な
o	absolute 絶対の	community コミュニティー	opinion 意見
u	album アルバム	suppose 推測する	unless ～でない限り
ou	jealous 嫉妬した	nervous 緊張している	previous 前の
i	chemistry 化学	interesting 興味深い	limit 限界
e	begin 始まる	design デザイン	enclose 同封する
ey	honey はちみつ	money お金	journey 旅行
y	happy 幸せな	messy 散らかった	thirsty 喉が渇いた

ar	calendar カレンダー	particular 特別な	sugar 砂糖
er	super すばらしい	persuade 説得する	worker 従業員
ir	affirmation 肯定	confirmation 確認通知	
or	mirror 鏡	operator オペレーター	visitor 訪問者
ur	murmur つぶやく	pursue (活動などを)続ける	pursuit 追求

(10) その他のルール

読み方に注意が必要なつづり字の一覧です。例えば、oul はどう読むか迷ってしまいそうですが、would や could に現れる「ウ」です。このように、英語には見た目から読み方の類推がしにくいものもありますので、この機会にしっかりと覚えておきましょう。

語尾の lly

(この y は弱母音の働きをします)

ルール番号	つづり字	発音記号	読み方	発音の仕方
89	音を伸ばす a	/ɑː/	アー	口を大きく開け「アー」と伸ばす。
90	音を伸ばす o	/ɔː/	オー	口を大きく開け「オー」と伸ばす。若干「ア」の音色も加わる。 メモ　au や aw と同じ音です。
91	音を伸ばす ou			
92	oul	/u/	ゥ	口をすぼめて喉の奥から「ゥ」と言う。 メモ　短い OO と同じ音です。
93	igh	/ɑi/	アィ	日本語の「あ」よりもやや大きめに口を開け「ア」と言った後、「ィ」を添える。 メモ　i のアルファベット読み。igh の gh は黙字です。
94	al all	/ɔːl/	オーゥ	口を大きく開け「オー」と伸ばし「ゥ」を添える。
95	語尾の ly 語尾の lly	/li/	リィ	歯茎に舌先をあて、離しながら「リィ」。
96	母音の y	/ɑi/	アィ	日本語の「あ」よりもやや大きめに口を開け「ア」と言った後、「ィ」を添える。 メモ　i のアルファベット読みをします。

<table>
<tr><td rowspan="5">97</td><td>tと読むd
(規則動詞の過去形)</td><td>/t/</td><td>トッ</td><td>舌先を歯茎にあててから離す。</td></tr>
<tr><td>yのフォニックス読みをするi</td><td>/j/</td><td>ィヤ</td><td>舌先を下の歯の裏側にあてる。</td></tr>
<tr><td>shと読むci</td><td rowspan="2">/ʃ/</td><td rowspan="2">シュ</td><td rowspan="2">唇をタコのように突き出す。</td></tr>
<tr><td>shと読むti</td></tr>
<tr><td>zと読むs</td><td>/z/</td><td>ズ</td><td>舌先を歯茎に近づける。</td></tr>
<tr><td rowspan="5">98</td><td>語尾のbt</td><td>/t/</td><td>トッ</td><td>舌先を歯茎にあててから離す。
メモ　btのbは黙字です。</td></tr>
<tr><td>語尾のgn</td><td>/n/</td><td>（ン）ヌ</td><td>舌先を歯茎にあて（このとき唇が少し開く）、鼻から声を抜かす。
メモ　gnのgは黙字です。</td></tr>
<tr><td>語頭のwr</td><td>/r/</td><td>ゥル</td><td>唇をすぼめて、舌先を口の中の天井に向ける。
メモ　wrのwは黙字です。</td></tr>
<tr><td>接尾辞のage</td><td>/idʒ/</td><td>ィジ</td><td>「ィ」の後に「ジ」を続ける。
メモ　このgはやわらかいGです。</td></tr>
<tr><td>接尾辞のtion</td><td>/ʃən/</td><td>ション</td><td>唇をタコのように突き出し「ション」。
メモ　やや「シャン」の音色を含みます。</td></tr>
</table>

98	接尾辞の ture	/tʃər/	チャア	舌先を歯茎につけ、離しながら「チャア」。 メモ 「チャア」と「チュア」の中間の響きです。

レッツ・フォニックサイズ

Track 029

音を伸ばす a	calm 穏やかな	father 父	palm 手のひら
音を伸ばす o	cloth 布	dog 犬	soft やわらかい
音を伸ばす ou	bought buy(買う)の過去形	thought 考え	ought ～するべきだ
oul	could ～できた	should ～するべきだ	would ～だろう
igh	high 高い	light 光	tight きつい
al	almost ほとんど	although ～であるが	altogether 全部で
all	call 電話をかける	fall 秋	stall 屋台
語尾の ly	completely すっかり	monthly 月々の	nearly ほぼ
語尾の lly	finally ついに	normally 普通は	really 本当に
母音の y	cry 泣く	by ～のそばに	fly 飛ぶ
t と読む d	kicked kick(キックする)の過去形	watched watch(観る)の過去形	pushed push（押す）の過去形

y のフォニックス読みをする i	million 100 万	onion 玉ねぎ	union 組合
sh と読む ci	ancient 古代の	efficient 効率的な	proficiency 熟達
sh と読む ti	additional 追加の	patient 忍耐強い	stationery 文房具
z と読む s	things thing(もの)の複数形	pens pen(ペン)の複数形	news ニュース
語尾の bt	debt 借金	doubt 疑い	
語尾の gn	foreign 外国の	sign 兆し	reign 治世
語頭の wr	wrist 手首	write 書く	wrong 間違った
接尾辞の age	baggage 旅行用の荷物	message メッセージ	village 村
接尾辞の tion	action 行動	notion 概念	portion 部分
接尾辞の ture	adventure 冒険	future 未来	posture 姿勢

(11) 準ルール

先のグループと同じく、読み方にさらなる注意が必要なつづり字をリストアップしています。全部で 11 個ありますが 1 つのルールとします。なお、「w ＋母音」は、w が母音に影響を及ぼし読み方を変えてしまうというユニークな特性を持っています。warm や work など多くの基本単語に現れるつづり字です。

ルール番号	つづり字	発音記号	読み方	単語	
99	ea	/e/	エ	jealous 嫉妬深い	weather 天気
	ei	/iː/	イー	receive 受ける	perceive 理解する
	o	/ʌ/	ア	son 息子	other 他の
	ou	/ʌ/	ア	tough 困難な	young 若い
	ch	/k/	クッ	Christmas クリスマス	stomach おなか
		/ʃ/	シュ	chandelier シャンデリア	machine 機械
	war	/wɔːr/	ウォーr	warm 暖かい	warning 警告
		/wər/	ワr	awkward （様子が）変だ	forward 前へ
	wor	/wəːr/	ワーr	word 単語	work 働く
	wa	/wɑ/	ワァ	wand 魔法の杖	want ほしい
	wo	/wʌ/	ワ	won win（勝つ）の過去形	wonderful すばらしい
	who	/huː/	フー	who 誰	whose 誰の
	x	/gz/	グズ	exam 試験	exhausted 疲弊した

(12) 例外

本編に登場する例外のつづり字グループです。なお、Thailand（タイ）は、1つの単語の中に複数の例外が含まれています。また、woman と women の o は単複で読み方が変わります。

Track 031

ルール番号	つづり字	発音記号	読み方	単語	意味
100	ai	/ɑi/	アィ	Thailand	タイ
	ea	/ei/	エィ	break great	休憩 すごい
	eau	/juː/	ユー	beautiful	美しい
	eo	/iː/	イー	people	人々
	ey			key	鍵
	ie	/e/	エ	friendship	友情
	ique	/iːk/	イーク	unique	ユニークな
	o	/u/	ウ	woman	女性
		/ɪ/	イ	women	womanの複数形 メモ 単複でoの読み方が変わります。
	oa	/ɔː/	オー	broaden	広い
	oe	/uː/	ウー	shoe	靴
	our	/əːr/	アーr	journey	旅行
	ow	/ɑ/	ア	knowledge	知識

<table>
<tr><td rowspan="9">100</td><td>th</td><td>/t/</td><td>トッ</td><td>Thailand</td><td>タイ
メモ　aiも例外のつづり字です。</td></tr>
<tr><td>u</td><td>/ɪ/</td><td>イ</td><td>business</td><td>ビジネス</td></tr>
<tr><td>ui</td><td rowspan="2">/ɑi/</td><td rowspan="2">アィ</td><td>guise</td><td>姿、形</td></tr>
<tr><td>uy</td><td>buy</td><td>買う</td></tr>
<tr><td>f</td><td>/v/</td><td>ヴ</td><td>of</td><td>〜の</td></tr>
<tr><td>s</td><td rowspan="2">/ʃ/</td><td rowspan="2">シュ</td><td>sure</td><td>確実な</td></tr>
<tr><td>ss</td><td>pressure</td><td>プレッシャー</td></tr>
<tr><td>wo</td><td>/uː/</td><td>ウー</td><td>two</td><td>2</td></tr>
</table>

以上でフォニックスの全100ルールとなります。時間をかけてじっくり学び、音とつづり字の法則を習得してくださいね。

語句を音読するための「音声変化」

ここからは、語句を音読するために知っておくべき音声変化についてご説明します。英語のつづり字は、必ずしも見た目通りに読まれるとは限らないとお話ししましたが、文の中でも単語はカメレオンのように音を変えていきます。特に、この変化は語中、および単語と単語の間でよく起こります。goodbyeはグッドバィではなくグッバィのように聞こえますが、これはdとbが隣り合うとき、dの音が落ちて「ッ」になってしまうという脱落現象によるものです。音声変化は5つに大別されますが、伝わる英語を話すにはこれらの変化を知っておかなければなりませんし、何と言っても聞き取りの際に必要となる知識です。5つの法則は次の通りです。

Track 032

	変化の種類	特徴	例文
1	脱落	音が落ちる	We had a good time. （私たちは楽しい時間を過ごした）
2	連結	音がつながる	Let me give it a try. （ちょっと試させてください）
3	同化	音が変わる	Would you mind waiting here? （ここで待っていていただけますか）
4	短縮	音が縮まる	He's listening to music now. （今、彼は音楽を聴いている）
5	弱形	音が弱まる	A slice of the pie has gone. （パイ一切れがなくなっている）

では、それぞれどういう音声変化が起きているのか説明しますね。（赤い色の箇所が変化の起きているところです）

1 脱落のgood timeは、dとtが隣り合うとdの音が落ち「ッ」になります。本書ではこのような音声の変化を「グッタイム」のように表しています。なお、goodやmapなどの破裂音（/p/ /b/ /k/ /g/ /t/ /d/）が、句の終わりや文末に来るときにも脱落が起こり「ッ」になりますが、本編では単語と単語の間で起きる脱落を中心に取り上げています。

2 連結のgive it aは、vとi、tとaがそれぞれリンキングします。よって、赤い色の箇所は「ヴィ」と「タ」になり、全体では「ギヴィタ」です。なお、英語のつづり字の特徴として語尾のeはほとんどの場合において読みませんので、eを読み飛ばす格好でvとiが連結しています。また、taは「タ」ですが、特にアメリカ英語ではTの有音化が頻繁に起こります。これはtの直前に強いアクセントが来るとタ行の音がラ行のように変わってしまう現象のこと。よって、give it aのtが変調を起こし、全体としては「ギヴィラ」のようになります。

3 wouldとyouを個別に発音するとウッドとユーですが、文中ではdとyが同化をおこし「ウッジュゥ」に。このときの音をフォニックスのルールに則ったつづり字で表すと*wouju*のようになります。

4 会話ではhe isがhe'sと短縮され、he'sは所有格のhis「ヒィズ」のように聞こえます。なお、they areも文中ではthey'reと短縮形になり、thereやtheirと同じような音になります。

5 a（冠詞）、of（前置詞）、has（現在完了形のhas = 助動詞）などは機能語と呼ばれ、一般的には文の中では弱くなります。aは弱い「ァ」に、ofのoは弱い「ォ」に、そしてhasはhの音がしばしば落ちて「ァズ」、さらにスピードがつくと「ズ」になってしまうこともあります。

なお、Chapter 2, 3の「音声変化をマスターしよう！」のコーナーでは、脱落、連結、同化、短縮、弱形に加えて「有音のT」「明るいL」「暗いL」「カタカナ発音」の4つについても取り上げています。これらの音がどういった特徴を持っているのかご説明しておきましょう。

①「有音のT」

特にアメリカ式の発音に見られる特徴です。例えば、waterは文字通りに読めばウォータァですが、tの直前のaに強いアクセントがあるため「ウォーラァ」に。皆さんが発音するときはどちらを使っても構いませんが、特に聞き取りを強化するために知っておきたい法則です。

Track 033

音の種類	特徴	例文
有音のT	タ行の音からラ行の音に変調する。	You should drink a lot of water. (お水をたくさん飲むべきだよ)

②「明るいL」と「暗いL」

明るいLは「1字つづりの子音」のルール21にあたります。ところが､Lにはもう1つの音があるのです。「暗いL」と呼ばれ､特に単語の終わりに現れます。一般的な辞書では、明るいLと暗いLの発音記号はどちらも /l/ なのですが、実際は、単語の中の現れる位置によってlの音が変わります。例えば､明るいLのlongは日本語の「ラ行」に近く、暗いLのwellはこもった「ゥ」のような響きです。

Track 033

音の種類	特徴	例文
明るいL	語頭や母音の前のlで、はっきりとした音色を持つ。 歯茎にあてた舌先を離して「ルッ」。	Meg's hair is long. (メグの髪は長い)
暗いL	語尾や母音の後のlで、こもった響きを持つ。 歯茎に舌先を近づけて「ゥ」。※言い終わりのとき、舌先が歯茎につくこともあります。	Did you sleep well? (よく眠れましたか?)

③「カタカナ発音」

日本人にとって要注意の発音を取り上げています。coatはコートではなく「コゥト」、teamはチームではなく「ティーム」といったように、英語とカタカナ英語とでは似て非なるものがたくさんあります。Chapter 2, 3ではついうっかりカタカナ英語風になってしまいがちな単語を取り上げ、英語との違いを見ていきます。

音の種類	特徴	例文
カタカナ発音	カタカナ英語の発音のままだと通じにくい単語がある。	She's wearing a long black coat. （彼女は黒のロングコートを着ている）

では、音声変化を含む英文を聞き、後について言ってみましょう。

音読エクササイズ

ナレーターの後について音読しましょう。

（1）脱落

Track 034

- Can you get me a hot coffee?
  （ホットコーヒーをいれてくれる？）
- We can walk to the station from here.
  （ここから駅まで歩けると思いますよ）
- I can't wait to visit Rome in spring.
  （春にローマを訪ねるのが待ちきれない）

（2）連結

Track 035

- The bus is arriving in 10 minutes.
  （バスは 10 分後に来ます）
- This place is really quiet.
  （この場所は本当に静かだ）
- I'm going to have a job interview tomorrow.
  （明日面接試験を受ける予定です）

（3）同化

Track 036

- Will you write your name here?
  （ここにお名前を書いてもらえますか？）

・I guess you're right.

（君は正しいと思う）

・When did you place your order?

（いつ注文をしたの？）

（4）短縮

Track 037

・He's still sleeping.

（彼はまだ寝ています）

・They're playing with the dog in the park.

（彼らは公園で犬と遊んでいます）

・How's the weather in Paris?

（パリの天気はどう？）

（5）弱形

Track 038

・I'd like a glass of orange juice, please.

（オレンジジュースを１杯ください）

・I'll ask her first.

（まず彼女に聞いてみますね）

・I think the teacher is Canadian.

（あの先生はカナダ人だと思います）

（6）有音のＴ

Track 039

・Let's have a party to celebrate!

（お祝いのパーティーを開きましょう！）

・Look at that little puppy!

（あの小さなわんちゃんを見て！）

・Does the room have hot running water?

（お部屋はお湯が出ますか？）

（7）明るいＬと暗いＬ

Track 040

- **I've been to London twice.**

  （ロンドンに２回行ったことがある）

- **It looks nice!**

  （すてきですね！）

- **What time did Eddy call?**

  （エディは何時に電話をしたの？）

- **I feel great today.**

  （今日はとても気分がいい）

（8）カタカナ発音

Track 041

- **Jamie made some stew for me.**

  （ジェイミーは私にシチューを作ってくれた）
  ※英語の発音は「ステュー」です。

- **John is an energetic person.**

  （ジョンはエネルギッシュな人だ）
  ※英語では「エナジェティック」。ジェを強く言いましょう。

- **Steve is a pioneer in the field of computer science.**

  （スティーブはコンピューターサイエンスの分野ではパイオニア的存在だ）
  ※語尾の eer に強いアクセントがあるので、カタカナ英語の響きとは異なります。

CHAPTER

2

ダイアローグを音読する

英会話は常に生きています。感情を込めて、まさに会話の登場人物になったつもりで音読を行うことが重要です。英語を話すときは、大げさなぐらいでちょうどよいのです。音声を聴いて、臨場感たっぷりに、ネイティブスピーカーの英語を真似しましょう。

UNIT 01 | 毒舌家

Track 042

A: 友達１　B: 友達２

A: Kate invited me for lunch yesterday.

B: How nice. There's something elegant about her, right?

A: Yeah, that's true. Ah, one thing I want to tell you is... she was almost an hour late for the appointment!

B: Really? I can't imagine.

A: Besides, contrary to appearances, she has a very sharp tongue.

B: Well, well, you can't tell a book by its cover.

- contrary to（～に反して）
- appearance（見かけ）
- sharp tongue（毒舌家、口の悪い人）※このsharpは「辛辣な、痛烈な」という意味です。
- You can't tell a book by its cover.（人は見た目で判断することはできない）　※直訳すると、本の良し悪しを表紙だけで判断することはできない。

A: ケートが昨日ランチに誘ってくれたんだ。

B: すてき。彼女は優雅さのある人よね。

A: ああ、そうだね。あの、ひとつ言いたいのは…彼女、僕との約束に１時間も遅刻したんだよ！

B: 本当？　想像もできないけど。

A: おまけに、見た目に反して、彼女はとても毒舌家なんだ。

B: まあ、人は見た目ではわからないものよね。

フォニックスのルールと音を✔チェック！

▼は強く読む箇所です。１文字の母音の場合はその上に▼を、２文字または３文字の母音の場合はその中央に▼をつけます。
（例）cat（１文字の母音）、tree（２文字の母音）、beauty（３文字の母音）

単語		つづり字	発音記号	フォニックス・ルール	ルール番号
thing（こと）	①	th	/θ/	2字つづりの子音	30
	②	i	/ɪ/	1字つづりの母音	4
	③	ng	/ŋ/	2字つづりの子音	35

▶③　ng は２字でありながら、実は１音（/ŋ/）なのです。また、x は１字でありながら２音（/ks/）です。このように英語には文字と音の数が一致しないものがあります。英語のつづり字をつぶさに眺めていくと、私たちが普段気づかない、しかしながら重要なエッセンスがいろいろなところに隠れていることがわかります。

単語		つづり字	発音記号	フォニックス・ルール	ルール番号
sharp（辛辣な）	①	sh	/ʃ/	2字つづりの子音	28
	②	ar	/ɑːr/	rつきの母音	78
	③	p	/p/	1字つづりの子音	7
tongue（舌）	④	t	/t/	1字つづりの子音	11
	⑤	o	/ʌ/	準ルール	99
	⑥	ng	/ŋ/	2字つづりの子音	35
	⑦	ue	-	読まない	-

▶①　sh のそれぞれの文字を読むと s は「ス」、h は「ハ」ですが、２つをくっつけても（どんなに頑張っても！）「スハ」とはなりませんね。実際は「シュ」によく似た音なのですが、このように異なる子音字が隣り合うことで新しい音が生まれるという法則は、２字つづりの子音グループに共通する顕著な特徴です。ルール数はさほど多くはありませんが、アメリカでは小学校１年生レベルのフォニックスの教科書に出てきます。

▶⑦　ue は語中または語尾に現れるつづり字で、規則的には「ユー」または「ウー」と読むのですが、tongue の ue は例外扱いとなります。というのも、この ue は黙字、つまり音がないのです。ue を削除し *tong* とすれば音のイメージがつかみやすいのではないでしょうか。ちなみに、牛タンは tongue がその名の由来という説もありますので、ue を取り払ってみると…*tong* がタン（舌）のように見えなくもありません！

音声変化をマスターしよう！〜ダイアローグからピックアップ〜

音声をよく聞き、英文を声に出して言ってみましょう。

1 Kate invited me for lunch yesterday.
2 There's something elegant about her, right?
3 She was almost an hour late for the appointment.
4 She has a very sharp tongue.
5 You can't tell a book by its cover.

※フォニックス・ナビ（phonics navi）について

本書では、b + t などの表示をフォニックス・ナビと呼んでいます。これは私が作った造語です。音声変化が認められる箇所を＋でつなげることで、音の変化を「見える化」します。では、イントロダクションとして big time（楽しい時間）を例に取り上げ、使い方を見ていきますね。

（例）big time　g + t　/g t/　変化のタイプ　**脱落**

→ g と t が隣り合うと g の音が落ち「ビッタイム」に。

このように単語と単語の間で起こる変化を可視化するのにフォニックス・ナビは役立ちます。

	ターゲット	フォニックスナビ	発音記号	変化のタイプ
1	invited me	d + m	/d m/	**脱落**
2	about her	t + (h)er	/t (h)ər/	**弱形** **連結** **有音のT**
3	late for	t + f	/t f/	**脱落**
4	has a	s + a	/z ə/	**連結**

5	tell a	ll + a	/l ə/	**連結** **暗いL → 明るいL**

1 dとmが隣り合うとdの音が落ち「インヴァイティッミィッ」に。

2 スピードのついた会話ではherのhの音が落ち「ァ」。また、aboutのtとerがくっついて「アバゥタ」に。ただし、Tの有音化が起き「ラ」へ変調して「アバゥラ」に。

3 tとfが隣り合うと、tの音が落ち「レイッフォ」に。なお、lateはサイレントEのルールに該当するためeは読みません。

4 sとaがくっついて「ハザ」に。

5 llとaがくっいて「テラ」になります。本来、tellのllは暗いLなのですが、aと連結することで明るいLに転じます。

ディクテーション

仕上げとして、当ユニットの会話を聞き、書き取ってみましょう。　※音声は何度聞いても構いません。

A:

B:

A:

B:

A:

B:

Tongue Twister　フォニックスと数字の早口言葉

Track 043

Josh is Irish and I wish to visit him around twoish.

（ジョシュはアイルランド人。2時ぐらいに彼に会えたらいいな）

UNIT 02 | 心配性

Track 044

A: 友達 1　　B: 友達 2

A: I got a job offer from ABC Finance, my first-choice company.

B: That's amazing. Congratulations, John.

A: They've made me a juicy offer, but I'm starting to feel anxious.

B: Why? You should be proud of yourself.

A: For some reason I almost backed out yesterday.

B: Be confident! You shouldn't miss a golden opportunity.

- job offer（内定）
- first-choice（第 1 候補）
- juicy（水分が多い、儲かる）※比喩的にも使われます。
- anxious（不安だ）
- back out（二の足を踏む）
- golden opportunity（好機、またとないチャンス）

A: 第 1 候補の ABC ファイナンスから内定をもらったんだ。

B: すばらしいわ。おめでとう、ジョン！

A: 彼らに好条件を提示されたんだけど、不安になってきてしまってね。

B: なぜ？　自分のことをほめてあげなきゃ。

A: どういうわけか、昨日土壇場で断りそうになったよ。

B: 自信を持って！　またとないチャンスを逃しちゃダメよ。

フォニックスのルールと音を✔チェック！

単語		つづり字	発音記号	フォニックス・ルール	ルール番号
first（第1の）	①	f	/f/	1字つづりの子音	15
	②	ir	/əːr/	rつきの母音	79
	③	st	/st/	子音混合音	53
choice（選択）	④	ch	/tʃ/	2字つづりの子音	27
	⑤	oi	/ɔi/	母音ペア②	46
	⑥	c	/s/	1字つづりの子音	13
	⑦	e	-	読まない	-

▶② カタカナ英語では fast も first も「ファースト」と表記する傾向がありますが、fast の a は口角を引いて力を込めた「ア」（/æ/）である一方、first の ir はあまり口を開けず発音します。そうすると「ア」と「ウ」の中間の音（/əːr/）が生まれます。a は短母音と言い、その名の示す通り短い音、ir は長母音と言い「ー」と音が伸びます。つまり、この2つは似て非なる音なのです。

▶⑤ choice の oi は二重母音と言い、呼びかけの「おい」（ちょっと行儀が悪いですが…）に近い響きです。英語の母音を漢字に当てはめると意外とイメージが定着しやすいので、oi を覚えるにあたり、甥、追い、負い、老いのどれを使っても構いません。ただ、「オィ」は二重母音、つまり2つの口のかたちで作る音であるということはしっかりと覚えておきましょう。oi は語頭および語中に現れるつづり字で、語尾には oy が現れますが、oy は oi よりもほんのちょっとだけ音が伸びる傾向にあります。つまり、coin は「コィン」ですが、boy は「ボーイ」のように響くのです。コーイン、ボイとはなりません。

単語		つづり字	発音記号	フォニックス・ルール	ルール番号
juicy（儲かる）	①	j	/dʒ/	1字つづりの子音	18
	②	ui	/uː/	母音ペア①	45
	③	c	/s/	1字つづりの子音	13
	④	y	/i/	弱母音	87

▶④　y はフォニックス・ルールの視点で見ると、なかなかユニークな側面を持っています。y は基本的には1字つづりの子音グループに属するのですが（子音字では「ィヤ」と読む）、語尾にこのつづり字が現れると母音の役割を果たすのです。そして、この母音は弱母音となり、弱い i と同じ音になります（「ィ」と読む）。なお、語中や語尾の y はさらに面白い特徴を見せ、i のアルファベット読みをします（「アィ」と読む）。

機能	ルール	発音記号	読み方	単語	
子音字としてのy	1字子音のy	/j/	ィヤ	yes （はい）	yellow （黄色）
母音字としてのy	＝弱母音のi	/i/	ィ	juicy （儲かる）	city （市）
	＝iのアルファベット読み	/ɑi/	アィ	style （スタイル）	fry （揚げる）

一筋縄ではいかない y とも言えますが、1粒で二度おいしいどころか三度おいしいのが、つづり字の y なのです。

音声変化をマスターしよう！～ダイアローグからピックアップ～

音声をよく聞き、英文を声に出して言ってみましょう。

1 I got a job offer from ABC Finance.
2 They've made me a juicy offer.
3 You should be proud of yourself.
4 For some reason I almost backed out yesterday.
5 You shouldn't miss a golden opportunity.

	ターゲット	フォニックスナビ	発音記号	変化のタイプ
1	job offer	b + o	/b ɔː/	**連結**
2	made me	d + m	/d m/	**脱落**
3	should be	d + b	/d b/	**脱落**

4	backed out	d + ou	/t au/	**連結**
5	miss a	ss + a	/s ə/	**連結**

1 b と o がくっついて「ジョボォーファ」になります。

2 d と m が隣り合うと d の音が落ち「メイッミィ」に。

3 d と b が隣り合うと d の音が落ち「シュッビィ」になります。なお、oul は「ウ」と読みます。

4 d と ou がくっついて「バックッタウ」に。backed の d は /t/。なお、out の ou は母音ペア②のつづり字です。

5 ss と a がくっついて「ミサ」に。原則として同じつづり字は 1 文字扱いのため、ss は /s/ です。

ディクテーション（書き取り）

仕上げとして、当ユニットの会話を聞き、書き取ってみましょう。

A:

B:

A:

B:

A:

B:

Tongue Twister　フォニックスと数字の早口言葉

Track 045

Beth had a math test in her **first** class **last** Thursday.

（ベスは先週の木曜日の最初の授業で算数の試験を受けた）

1 フォニックス・ルール

2 ダイアローグを音読する

3 文章を音読する

UNIT 03 | 失恋

Track 046

A: リック　B: 友達

A: Breaking up with Wendy has been nothing but a nightmare.

B: I've been there, too. I thought it was the end of the world.

A: Yeah? I still feel all at sea. I don't think I will get on my feet again.

B: Don't be so pessimistic, Rick. Life is beautiful if you think it is.

A: Can you tell me how you got over your ex?

B: Watching sad movies worked like magic. I cried and cried until no more tears were left.

- break up with someone（〜と別れる）
- nightmare（悪夢）
- all at sea（途方に暮れる）
- get on one's feet（立ち直る）
- pessimistic（悲観的な）
- ex（元）※以前に付き合っていた彼氏や彼女、先妻または夫のこと。

A: ウェンディとの別れは悪夢以外の何物でもなかったよ。

B: 私も同じ経験があるわ。この世の終わりかとさえ思ったもの。

A: そうなの？　僕はまだ途方に暮れている。どうすれば立ち直れるのかもわからない。

B: そんなに悲観的にならないで、リック。人生は美しいと思えば、美しくなるものよ。

A: じゃあ、どうやって君が元カレのことを乗り越えられたのか教えて。

B: 悲しい映画が魔法のように効いたわね。涙が枯れるまで泣いて、泣いて、泣いたわ。

単語		つづり字	発音記号	フォニックス・ルール	ルール番号
nightmare (悪夢)	①	n	/n/	1字つづりの子音	20
	②	i	/ɑi/	アルファベット読み	1
	③	gh	-	読まない	-
	④	t	/t/	1字つづりの子音	11
	⑤	m	/m/	1字つづりの子音	19
	⑥	are	/eər/	rつきの母音	82

▶⑥　are と同じ読み方をするつづり字に air があります。どちらも発音記号で表すと /eər/ です。同音異義語がいくつかありますので、見てみましょう。

つづり字	単語（上下が同音異義語です）		
are	fare （料金）	hare （野ウサギ）	pare （[果物などの]皮をむく）
fair	fair （公平な）	hair （髪）	pair （一対）

　このように are と air の発音記号は /eər/（エァ r）である一方、ear は /ieə/（イァ r）です。身近な単語には ear（耳）、dear（親愛なる）、hear（聞く）などがあります。

単語		つづり字	発音記号	フォニックス・ルール	ルール番号
beautiful (美しい)	①	b	/b/	1字つづりの子音	8
	②	eau	/juː/	例外	100
	③	t	/t/	1字つづりの子音	11
	④	i	/ə/	弱母音	86
	⑤	f	/f/	1字つづりの子音	15
	⑥	u	/ə/	弱母音	86
	⑦	l	/l/	1字つづりの子音	21

▶② 母音字の eau は「ユー」(/juː/) と読みます。beautiful はフランス語を語源に持つ単語。英語にはこういった借用語がとても多いですね。例えば、wedding および buy の同義語に marriage と purchase がありますが、いずれもフランス語から派生しています。ご覧の通り、ちょっとばかり読み方が紛らわしそうと言いますか、難解なイメージです。歴史的な背景から、フランス語由来の単語は法律文書等で使われていたという経緯があるため、この"ややこしさ"はその名残と言えるかもしれません。

音声変化をマスターしよう！～ダイアローグからピックアップ～

音声をよく聞き、英文を声に出して言ってみましょう。

1 Breaking up with Wendy has been nothing but a nightmare.
2 I still feel all at sea.
3 I don't think I will get on my feet again.
4 Life is beautiful if you think it is.
5 I cried and cried until no more tears were left.

	ターゲット	フォニックスナビ	発音記号	変化のタイプ
1	breaking up	ng + u	/ŋ u/	**連結**
2	all at sea	ll + a t + s	/l ə/ /t s/	**連結** **脱落**
3	don't think	t + th	/t θ/	**脱落**
4	life is	f + i	/f i/	**連結**
5	cried and	d + a	/d ə/	**連結**

1 ng と u がくっついて「ブレイキンガップ」に。
2 ll と a がつっくいて「ラ」、t と s が隣り合うと t の音が落ちるため、全体では「オーラッスィ」になります。
3 t と th が隣り合うと、t の音が落ち「ドンッスィンク」になります。ドントと言わないように注意しましょう！　なお、この th は息の TH です。
4 f と i がくっついて「ライフィズ」に。
5 d と a がくっついて「クゥライダンッ」に。cried の語尾は /d/ です。

ディクテーション

仕上げとして、当ユニットの会話を聞き、書き取ってみましょう。

A:

B：

A:

B：

A:

B：

Tongue Twister　フォニックスと数字の早口言葉

Track 047

Ten beautiful birds have **ten** different beautiful voices.

（十羽の美しい鳥は、十通りの美しい声で鳴く）

UNIT 04 | 体育会系男子

Track 048

A: ケート　B: 友達

A: I'm planning to sign up for a three-month course on Shakespeare starting June 5 at our local community center.

B: Shakespeare? I didn't know you were into literature.

A: I love reading. Learning something new is such fun. Do you want to join me?

B: I'm a sports-oriented guy. The arts are completely foreign to me.

A: Knowledge is power. It might change your whole worldview. Besides, we can read outdoors.

B: All right, Kate. You win. Like you said, at least we can read outdoors.

- sign up（申し込む）
- into ～（～にはまる）
- -oriented（～志向の）
- foreign（馴染みがない）　※「外国の」から派生して。
- knowledge（知識）
- worldview（世界観）
- outdoors（外で）

A: 地元のコミュニティーセンターで、6月5日に開講するシェークスピアの3カ月講座に申し込む予定なの。

B: シェークスピア？　君が文学にハマっているとは知らなかったよ。

A: 読書が大好きなんだ。新しいことを学ぶのはとても楽しいわよ。一緒に参加する？

B: 僕は体育会系男子なんだ。それに芸術も全然詳しくないし。

A: 知は力なり。世界観がすっかり変わるかもよ。それに外で読書はできるし。

B: わかったよ、ケート。君の勝ち。君の言う通り、少なくとも外でも読めるよね。

フォニックスのルールと音を ✔ チェック！

単語		つづり字	発音記号	フォニックス・ルール	ルール番号
literature（文学）	①	l	/l/	1字つづりの子音	21
	②	i	/ɪ/	1字つづりの母音	4
	③	t	/t/	1字つづりの子音	11
	④	e	/ə/	弱母音	86
	⑤	r	/r/	1字つづりの子音	22
	⑥	a	/ə/	弱母音	86
	⑦	ture	/tʃər/	接尾辞の ture	98

▶ ④⑥⑦　literature は、先頭の母音字に強いアクセントがあり、その後に弱母音が3つ（ə/ə/ər）現れます。弱母音は弱く、時に暗く、時に低く響く母音で、2つ以上の音節を持つ単語に現れます。とても重要な母音ですので、ぜひとも発音の仕方をきちんと習得しておきたいところですが、いかんせん日本人はこれが苦手。というのも、そもそも日本語には“音節を弱く発音する”という調音の仕方がないからです。弱母音の決め手は1つ。喉の奥から発声すること。あえて literature の音をカタカナにすると「リタァラァチャァ」で、赤い小さなァが④⑥⑦に対応しています。口角を指で押さえ、喉を使って発声する訓練をしてください。そうすると、口が無駄に動かず、舌の操作と喉で音が作れるようになります。これを生徒さんにお見せすると、腹話術師みたいだと言われることがありますが、パペットいらずの英語教師です。

単語		つづり字	発音記号	フォニックス・ルール	ルール番号
foreign（外国の）	①	f	/f/	1字つづりの子音	15
	②	or	/ɔːr/	r つきの母音	83
	③	ei	/i/	弱母音	87
	④	gn	/n/	語尾の gn	98

▶ ④　語尾の gn の g は読みません。これは単語の終わりに現れるルールで、foreign の他にも sign（兆し）、design（デザイン）、reign（治世 ※ rain と同じ読み方）があります。どうせ読まないのなら最初からなければいいのに…という声が聞こえて

きそうですが、g を取ってしまうと sign は sin（罪）に、reign は rein（手綱）になってしまいます。26 文字という限られた文字数の中で可能な限りのルールを作るには、このような不要な文字でさえも時には大いに有用なのです。

音声変化をマスターしよう！〜ダイアローグからピックアップ〜

音声をよく聞き、英文を声に出して言ってみましょう。

1 I'm planning to sign up for a three-month course on Shakespeare.
2 I didn't know you were into literature.
3 Knowledge is power.
4 It might change your whole worldview.
5 Like you said, we can read outdoors.

	ターゲット	フォニックスナビ	発音記号	変化のタイプ
1	sign up	n + u	/n ʌ/	**連結**
2	didn't know	t + n	/t n/	**脱落**
3	knowledge is	dg + i	/dʒ i/	**連結**
4	might change	t + ch	/t tʃ/	**脱落**
5	read outdoors	d + ou t + d	/d ɑu/ /t d/	**連結** **脱落**

1 n と u がくっついて「サイナッ」に。sign の g は黙字なので読みません。
2 t と n が隣り合うと t の音が落ち「ディドンッノゥ」に。こちらの k も黙字ですので、t と n で音声変化が起こります。
3 dg と i がくっついて「ナリッジィズ」に。dg はやわらかい G と同じ読み方をします。
4 t と ch が隣り合うと t の音が落ち「マイッチェインジ」に。
5 d と ou がくっつき、さらに t と d が隣り合うと t の音が落ちるため全体では「リーダゥドァズ」に。この ou は母音ペア②のつづり字です。

ディクテーション

仕上げとして、当ユニットの会話を聞き、書き取ってみましょう。

A:

B:

A:

B:

A:

B:

Tongue Twister　フォニックスと数字の早口言葉

Track 049

Philip made 140 foreign friends in fourteen years.

（フィリップは14年間で140人の外国人と友達になった）

※ 140（one hundred forty）

UNIT 05 | 頑固な娘

Track 050

A: 友達 1　　B: 友達 2

A: I can't cope with my dad. He's always changing his opinions.

B: Really? What happened?

A: He said he'd allow me to study in Tokyo, then reversed his decision the next day!

B: Who would want their beloved daughter to leave home at the age of sixteen?

A: I'm not going to give up on it. I'll do whatever it takes to convince him. Japan is waiting for me!

B: Do you really mean it? At least try to put yourself in his shoes.

- cope with（～に我慢する）
- opinion（意見）
- reverse（くつがえす）
- beloved（最愛の）
- whatever it takes（何があろうとも）
- mean it（本気だ）
- put oneself in one's shoes（～の立場になって考える）

A: お父さんには我慢ならない。いつも意見をコロコロ変えるのよ。

B: ねえ、何があったの？

A: 私が東京へ留学することを一度は認めてくれたのに、翌日になって考えをひっくり返したのよ！

B: 愛する 16 歳の娘が家から離れてしまうことを誰が望むと思う？

A: あきらめないわ。説得するためには何だってする。日本が私を待っているの！

B: 本気？　少なくとも、お父さんの立場になって考えてみたら。

フォニックスのルールと音を✔チェック！

単語		つづり字	発音記号	フォニックス・ルール	ルール番号
opinion（意見）※本文では複数形です。	①	o	/ə/	弱母音	86
	②	p	/p/	1字つづりの子音	7
	③	i	/ɪ/	1字つづりの母音	4
	④	n	/n/	1字つづりの子音	20
	⑤	i	/j/	yのフォニックス読みをするi	97
	⑥	o	/ə/	弱母音	86
	⑦	n	/n/	1字つづりの子音	20

▶⑤　オピニオンリーダーといった表現もあるように、カタカナ英語としてオピニオンはすっかり定着していますが、英語の音に関して言うと、日本語のそれとは少しばかり違います。具体的には、⑤のiは「イ」ではなく「ヤ」なのです。onionやfamiliarのように、母音字の前にあるiにこのような現象が起こります。yellowは厳密には「イヤロゥ」と発音しますが（英語ではイエローではありません！）、opinionも言ってしまえば「オピニヤン」に近いのです。

単語		つづり字	発音記号	フォニックス・ルール	ルール番号
decision（決心）	①	d	/d/	1字つづりの子音	12
	②	e	/i/	弱母音	87
	③	c	/s/	1字つづりの子音	13
	④	i	/ɪ/	1字つづりの母音	4
	⑤	si	/ʒ/	2字つづりの子音	29
	⑥	o	/ə/	弱母音	86
	⑦	n	/n/	1字つづりの子音	20

▶⑤　siはカタカナで表すと「ヂュ」、フランス語からの借用音なので、こう言っては何ですが…フランス人になりきって発音してみる必要があります。どのようにして音を作るかというと、口を突き出して「シュー」と息を出し、その口のまま「ヂュー」と言ってみます。その「ヂュ」がsiの音です。舌先は歯茎に極めて接近

していますがくっついてはいないので、歯茎と舌先のすきまを通る摩擦のよく効いた子音が流れていきます。ここまで読んでお気づきの方がいるかもしれませんが、つづり字の sh（/ʃ/）と si（/ʒ/）は同じ口のかたちで調音する、無声音と有声音のペアなのです。

単語		つづり字	発音記号	フォニックス・ルール	ルール番号
shoe（靴）※本文では複数形です。	①	sh	/ʃ/	2字つづりの子音	28
	②	oe	/uː/	例外	100

▶② 「ウー」と読む oe は例外のつづり字。基本単語で言えば canoe（カヌー）もそうですね。なお、oe で終わる単語に oboe（オーボエ）や hoe（鍬）がありますが、それぞれ「オゥボゥ」「ホゥ」と読みます。つまり、o をアルファベット読みしますが e は黙字なのです。roe（魚の卵）や toe（足の指）の母音も同様に「オゥ」（/ou/）です。なお、魚つながりということで…raw fish（刺身）の raw ですが、こちらは長母音の「オー」（/ɔː/）です。

音声変化をマスターしよう！～ダイアローグからピックアップ～

音声をよく聞き、英文を声に出して言ってみましょう。

1 I can't cope with my dad.
2 I'm not going to give up on it.
3 I'll do whatever it takes to convince him.
4 Japan is waiting for me.
5 Do you really mean it?

	ターゲット	フォニックスナビ	発音記号	変化のタイプ
1	can't cope	t + c	/t k/	**脱落**
2	give up on	v + u p + o	/v ʌ/ /p ə/	**連結**
3	it takes	t + t	/t t/	**脱落**
4	waiting	t	/wéitiŋ/	**有音のT**

5	mean it	n + i	/n i/	**連結**

1 tとcが隣り合うとtの音が落ち「キャーンッコゥプ」に。否定文であることをはっきりと示すために、can'tの母音をやや長めに言います。

2 vとu、pとoがそれぞれくっついて、全体では「ギヴァッポン」に。

3 tとtが隣り合うと、最初のtの音が落ち「イッティクス」になります。

4 tが「ラ」のように響き「ウェイリン」に。「ウェイティン」と発音するネイティブもいます。

5 nとiがくっついて「ミーンニッ」に。

ディクテーション

仕上げとして、当ユニットの会話を聞き、書き取ってみましょう。

A:

B:

A:

B:

A:

B:

Tongue Twister　フォニックスと数字の早口言葉

Track 051

Sue will wear a pair of new shoes and canoe soon.

(スーは1足の新しい靴を履き、まもなくカヌーをするでしょう)

※日本語ではあえて「1足の」とは言いませんが、ここでは英文に合わせて訳を入れています。

UNIT 06 | 無邪気

Track 052

A: エミリー　B: 友達

A: It's a miracle that Jack asked me out for dinner.

B: You should be careful, Emily. He's a bit of a shady character and a womanizer.

A: Hey, are you jealous or something?

B: Oh, come on. Everyone says that he's hit on most of the women in his department.

A: I don't believe you. I'll regret it if I don't take this opportunity.

B: OK, OK, if you say so. But I really worry about your being so naïve.

- miracle（奇跡）
- ask someone out（～をデートに誘う）
- shady（うさん臭い）
- womanizer（女好き）
- jealous（嫉妬深い）
- hit on（～に声をかける、～をナンパする）
- naïve（世間知らずの、無邪気な）※英語では、通例良くない意味として使われることが多いので注意が必要です。ここでの「無邪気」は「信じ込みやすい」というニュアンスを含みます。

A: ジャックがディナーのデートに誘ってくれたなんて奇跡だわ。

B: 気をつけたほうがいいよ、エミリー。彼はちょっとうさん臭い感じだし、女好きだよ。

A: ねえ、やきもちでも焼いているの？

B: おいおい、ちょっと待てよ。ヤツ、自分の部署のほとんどの女性に声をかけているってみんな言っているよ。

A: そんなの信じない。この機会を逃したら、きっと後悔するわ。

B: オーケー、オーケー、お好きなように。でも、僕は君のそんな無邪気さが本当に心配なんだ。

フォニックスのルールと音を✓チェック！

単語		つづり字	発音記号	フォニックス・ルール	ルール番号
womanizer（女たらし）	①	w	/w/	1字つづりの子音	25
	②	o	/u/	例外	100
	③	m	/m/	1字つづりの子音	19
	④	a	/ə/	弱母音	86
	⑤	n	/n/	1字つづりの子音	20
	⑥	i	/ɑi/	アルファベット読み	1
	⑦	z	/z/	1字つづりの子音	14
	⑧	er	/ər/	弱母音	88

▶② womanizer は“女たらし”という意味ですが（2008年、ブリトニー・スピアーズによる同名の曲が大ヒットしました）、woman の o はフォニックスの例外を示す好例です。「ウ」の音を示す規則的なつづり字には短い OO と u がありますが（book と put の下線部分がそれにあたります）、woman の母音字はそのいずれでもなく o です。なお、この「ウ」（/w/）ですが、タコ（または、ひょっとこ）の口のように突き出して発音しましょう。ちなみに、複数形の women では、o は「イ」（/ɪ/）に変調してしまいます。このように基本的な単語の中に例外がところどころ姿を見せますが、その数は皆さんが想像するほど多くはないので（Good news!）、1つずつ覚えていきましょう。

単語		つづり字	発音記号	フォニックス・ルール	ルール番号
jealous（嫉妬深い）	①	j	/dʒ/	1字つづりの子音	18
	②	ea	/e/	準ルール	99
	③	l	/l/	1字つづりの子音	21
	④	ou	/ə/	弱母音	86
	⑤	s	/s/	1字つづりの子音	13

▶② ea を「エ」と読む単語には head（頭）、bread（パン）、sweat（汗）などがあります。このように ea は日常英会話の単語に多く見られるつづり字ですが、読ま

ないからと言ってbreadをbredとするわけにはいきません。なぜなら、bredですとbreed（動物が子を産む）の過去形になってしまうからです。なお、同じ「エ」（/e/）の音を持つ単語にfriendがあります。学生時代に“フリエンド、フリエンド…”と暗唱しながら覚えた方もいるのではと想像しますが、フォニックスの視点で見ると、friendのieは、eの文字だけフォニックス読みをしている格好になります。ちなみに、jealousはzealous（熱狂的な）と同源と言われています。同源のよしみ（？）からzealousのeaも同様に「エ」と読みますので、全体では「ゼロス」です。

音声変化をマスターしよう！～ダイアローグからピックアップ～

音声をよく聞き、英文を声に出して言ってみましょう。

1 **It's a miracle that Jack asked me out for dinner.**
2 **He's a bit of a shady character.**
3 **Are you jealous or something?**
4 **He's hit on most of the women in his department.**
5 **I really worry about your being so naïve.**

	ターゲット	フォニックスナビ	発音記号	変化のタイプ
1	it's a	ts + a	/ts ə/	**連結**
2	bit of a	t + o f + a	/t ə/ /v ə/	**連結** **有音のT**
3	jealous or	s + or	/s ər/	**連結**
4	most of	t + o	/t ə/	**連結**
5	about your	t + y	/t j/	**同化**

1 tsとaがくっついて「イッツァ」に。/ts/は「ツ」です。
2 tとo、fとaがそれぞれくっついて全体では「ビロヴァ」に。なお、Tを有音化させない場合は「ビトヴァ」です。
3 sとorがくっついて「ジェラソァ」に。通常、orは文中では弱く発音されます。
4 tとoがくっついて「モストゥ」に。
5 tとyが隣り合うと音の変化が起き「アバゥチョア」。t+y（/t j/）は/tʃ/になります。

ディクテーション

仕上げとして、当ユニットの会話を聞き、書き取ってみましょう。

A:

B：

A:

B：

A:

B：

Tongue Twister　フォニックスと数字の早口言葉

The woman wants the watermelons **in packs of two.**

（その女性は2パックのスイカがほしい）

UNIT 07 | 一目ぼれ

Track 054

A: 友達 1　B: 友達 2

A: So, after the party broke up, Oliver texted me later that night.

B: No wonder he asked me an awful lot of questions about you.

A: Really? That's kind of freaking me out to hear that, you know.

B: How about putting it this way—he's got a crush on you or maybe he fell in love at first sight.

A: I don't know anything about him but he's sort of... my type.

B: Then, reply to him right away. He'll be walking on air.

- break up（[会議やパーティーが] 終わる、お開きになる）
- text（携帯でメッセージを送る）
- freak someone out（～を怖がらせる）
- get a crush on someone（～を好きになる）
- at first sight（一目で）
- walk on air（天にも昇る気持ちだ）※直訳すると、空を歩いている。

A: パーティーが終わった後、その日の夜にオリヴァーからメッセージが来たの。

B: どうりで君のことを山ほど質問してきたというわけだ。

A: そうなの？　なんか、それってちょっと気持ち悪い。

B: こう考えたらどうだい――彼は君にぞっこん、または一目ぼれをした。

A: 彼のこと何も知らないし。でも、まあ何ていうか…私のタイプというか。

B: じゃあ、今すぐ返事したら。彼は天にも昇る気持ちだよ。

フォニックスのルールと音を✔チェック！

単語		つづり字	発音記号	フォニックス・ルール	ルール番号
▼ text （携帯でメッセージを送る） ※本文では過去形です。	①	t	/t/	1字つづりの子音	11
	②	e	/e/	1字つづりの母音	3
	③	x	/ks/	1字つづりの子音	24
	④	t	/t/	1字つづりの子音	11

▶③④　ここでは子音混合音についてお話ししたいと思います。text の語尾の子音字 xt を発音記号で表すと /kst/ です。この箇所の発音は簡単なようでいて実に難しい。日本語は「カ行」の場合であれば、ka ki ku ke ko のように子音の後に母音がつきます。“子音プラス母音”が、いわば音に対して日本人の持つ感覚なのですが、英語はそうとは限りません。“子音プラス子音”というのは英語ではごくごく当たり前のつながり方なのです。ちなみに、「テキスト」をローマ字にしてみると、te ki su to ですが、“子音混合音風”に書き換えてみると、次のような感じです。

tkst

文字数が少ない！に加えて、音が何だか硬そう…というのが、私がこの文字を見たときの印象ですが、皆さんはいかがでしょうか。はてさて、どのように読めばいいのでしょうか。トクストでしょうか。なんとなくテキストに似ているような気もしますね。なお、実際のつづり字では t の後ろに e が続きますから、ハードルはやや下がるかもしれません。それでもやはり日本人はこういった連続子音の発音がとても苦手です。というのも、日本語では「て」は「t + e」、「き」は「k + i」、「す」は「s + u」、「と」は「t + o」といったように、ほとんどの場合において子音の後には母音が続くからです。発音のコツはただ 1 つ、連続子音は間髪入れずに一気に読むこと。そうすることで余分な母音が入る余地がありません。スピードを意識しましょう。

単語		つづり字	発音記号	フォニックス・ルール	ルール番号
sight（見えること）	①	s	/s/	1字つづりの子音	13
	②	i	/ɑi/	アルファベット読み	1
	③	gh	-	読まない	-
	④	t	/t/	1字つづりの子音	11

▶②③　gh は黙字、サイレント GH とも呼ばれています。このルールに当てはまる単語には weigh（重さがある）や weight（重さ）がありますが、それぞれの単語から gh を取り払うと *wei* と *weit* に。ei の部分を ay および ai（= 母音ペア①）に入れ替えてみると、way（方法）と wait（待つ）に早変わり。フォニックスの面白さはこういった音韻遊びにもつながっていきます。なお、igh で 1 つのルールと見ることもでき、この場合の i はアルファベット読みをします。

音声変化をマスターしよう！～ダイアローグからピックアップ～

音声をよく聞き、英文を声に出して言ってみましょう。

1 He asked me an awful lot of questions about you.
2 How about putting it this way?
3 He's got a crush on you or maybe he fell in love at first sight.
4 Reply to him right away.
5 He'll be walking on air.

	ターゲット	フォニックスナビ	発音記号	変化のタイプ
1	question	-	/kwéstʃən/	**カタカナ**
2	putting it	tt ng + i	/t/ /ŋ i/	**有音のT** **連結**
3	fell in	ll + i	/l i/	**連結** **暗いL → 明るいL**
4	him	-	/(h)im/	**弱形**
5	on air	n + air	/n eər/	**連結**

1 カタカナ発音に注意！　クエスチョンではなく「クウェスチョン」です。qu の u は /w/。
2 ng と i がくっついて「プリンギッ」に。なお、T を有音化させない場合は「プティンギッ」です。
3 ll と i がくっついて「フェリン」に。fell の ll は、i とくっついて明るい L に変わります。
4 通常、him は文の中では弱くなります。「イム」または h が落ちて「ム」になることも。
5 n と air がくっついて「オンネア」に。テレビやラジオの CM などでもたびたび耳にするフレーズですね。

ディクテーション

仕上げとして、当ユニットの会話を聞き、書き取ってみましょう。

A：
B：
A：
B：
A：
B：

Tongue Twister　フォニックスと数字の早口言葉

Track 055

Text and tell him that the next flight leaves at half past six.

（次のフライトは6時半に出発すると、彼にテキストメッセージで伝えて）

1 フォニックス・ルール
2 ダイアローグを音読する
3 文章を音読する

UNIT 08 | 修羅場

Track 056

A: 友達 1　B: 友達 2

A: What I'm going to tell you about Helen will make your hair curl.

B: OK, I'm all ears. Go ahead.

A: I was invited to her wedding and her ex-boyfriends were there, too.

B: "Ex-boyfriends," did you say?

A: Yes. As soon as the three guys came into the reception, they started fighting and calling each other names!

B: What a nightmare. She invited them in the guise of friendship, but it didn't work out that way at all.

- make one's hair curl（～に身の毛のよだつ思いをさせる）
- all ears（とても聞きたい）※文字通り、全身耳である。
- reception（披露宴、祝賀会）
- call each other names（罵り合う）
- guise（形・姿）　※ in the guise of で「～の名のもとに」。

A: これから僕がヘレンについて言うことは、身の毛がよだつ話だよ。

B: オーケー、聞く気満々よ。話してちょうだい。

A: 彼女の結婚式に招待されたんだけど、なんとそこに元カレたちもいたんだ。

B: "元カレたち"って言った？

A: ああ。3 人の男性が披露宴の会場へ入ってくるや否や、取っ組み合いのけんかでお互いをののしり始めたんだよ。

B: まさに悪夢。友情の名のもとで彼らを招待したんだろうけど、そううまくはいかなかったわね。

フォニックスのルールと音を✓チェック！

単語		つづり字	発音記号	フォニックス・ルール	ルール番号
guise（形）	①	g	/g/	1字つづりの子音	10
	②	ui	/ɑi/	例外	100
	③	s	/z/	zと読むs	97
	④	e	-	読まない	-
of（～の）	⑤	o	/ə/	弱母音	86
	⑥	f	/v/	例外	100

▶② UNIT 2のjuicy（旨みのある）の例にある通り、通常uiはuをアルファベット読みしますが、guiseの場合、後ろのiがアルファベット読みになっています。ここからuiは「アィ」、全体では「ガィズ」のように発音します。(guysと同じ音ですね！）ちなみに、guise（「姿」）はあまり聞き慣れない単語かもしれませんが、in the guise ofで「～の名のもとに」という意味になります。

▶⑥ fの規則的な読み方は/f/ですが、ofに限ってはfは/v/になるため、全体では「オヴ」に。ところが、fの隣にあるc（つまり、courseのcです）が無声子音であることから、それに影響を受ける格好でfが無声音化してしまっています。そのため、of courseの発音は「オフコース」に。

単語		つづり字	発音記号	フォニックス・ルール	ルール番号
friendship（友情）	①	fr	/fr/	子音混合音	70
	②	ie	/e/	例外	100
	③	n	/n/	1字つづりの子音	20
	④	d	/d/	1字つづりの子音	12
	⑤	sh	/ʃ/	2字つづりの子音	28
	⑥	i	/i/	弱母音	87
	⑦	p	/p/	1字つづりの子音	7

▶② ここまでの学習を通して、母音字aeiouのいずれかが単語の中で連続してい

る場合、どちらか1つがアルファベット読み、またはフォニックス読みになることが多い、ということに気づきましたでしょうか。英語の音は無限にあるように見えて、当然のことながら有限です。1つずつ手間をかけて音とつづり字の関係をひも解いていくことにより、煩雑になりがちな情報が整理され、データとしてまとまっていきます。これもフォニックスのルールのおかげです。では、ひとまず母音字のルール（ui と ea）を取り上げ、読み方の違いを比較していきますね。

juicy 前にあるuをアルファベット読み	jealous 前にあるeをフォニックス読み
guise 後ろのiをアルファベット読み	friendship 後ろのeをフォニックス読み

連なる母音字の読み方の類推法ですが、先頭または後方のどちらの文字を読むのか、またそれがアルファベット読みなのかフォニックス読みかを考えてみます。これは母音ペア①のルール（→ 連なる文字のうち、どちらかを読む）によく似ています。そして、これに当てはまらない場合は母音ペア②のルール（→ 複数の文字が連なり、新しい音を作る）になります。

shoe oでもeでもない音

shoe の eo「ウー」は、どちらの母音字にも属さない新しい音ですので、母音ペア②の考えに添った読み方になっています。

音声変化をマスターしよう！～ダイアローグからピックアップ～

音声をよく聞き、英文を声に出して言ってみましょう。

1 What I'm going to tell you will make your hair curl.
2 I'm all ears.
3 "Ex-boyfriends," did you say?
4 What a nightmare.
5 It didn't work out that way at all.

	ターゲット	フォニックスナビ	発音記号	変化のタイプ
1	what I'm	t + I	/t ɑi/	**連結** **有音の T**
2	all ears	ll + ear	/l iər/	**連結** **暗い L → 明るい L**
3	did you	d + y	/d j/	**同化**
4	what a	t + a	/t ə/	**連結** **有音の T**
5	at all	t + all	/t ɔ:/	**連結** **有音の T**

1 t と I がくっついて「ワライム」に。wh は hw の順番で読みますが、h を飛ばすネイティブもいます。なお、T を有音化させない場合は「ワタイム」です。

2 ll と ear がくっついて「オーリアーズ」に。all の ll は暗い L ですが、ear とくっついて明るい L に。

3 d と y が隣り合うと音の変化が起き「ディジュ」。d + y（/d j/）は /dʒ/ になります。

4 t と a がくっつくと「ワラ」に。音のイメージをつかむには「藁」でも「(笑)」でも構いません！　なお、T を有音化させない場合は「ワタ」です。

5 t と a がくっついて「アローゥ」に。こちらも T を有音化させない場合は「アトーゥ」に。つづり字 all は「オーゥ」（/ɔ:l/）です。

ディクテーション

仕上げとして、当ユニットの会話を聞き、書き取ってみましょう。

A:

B:

A:

B:

A:

B:

Tongue Twister　フォニックスと数字の早口言葉

Track 057

Fred met Franny in 1985 and they became forever friends.

（フレッドはフラニーと 1985 年に出会い、彼らは永遠の友になった）

※ 1985（nineteen eighty-five）

1 フォニックス・ルール

2 ダイアローグを音読する

3 文章を音読する

<<フォニックス・クイズ>>

英語圏の子どもたちは、耳から入った音を文字に変換するためにフォニックスを学びます。ところが、聞こえたままの音を文字にしようとすると水曜日は**Wenzday**、雨は**rein**といった具合に書き間違えてしまうことがしばしば起こります（正しくは、前者は**Wednesday**、後者は**rain**ですね）。彼らはこのようなトライ＆エラーを繰り返しながら、正しいつづり字を覚えていくのです。

さて、ここからヒントを得て作ったのが＜フォニックス・クイズ＞です。当コーナーでは間違ったつづり字のままの単語が登場しますが、和訳とその単語を線でつなぎ、正しく書き直していってください。フォニックスの知識を駆使し、正解を探し出すという作業を行うことで、つづり字と音がどのように関わり合っているのかをより深く知ることができます。誤から正を学ぶという、ともすれば逆回転的な発想ではありますが、これはこれでなかなかユニークなアプローチと言えるでしょう。

なお、ここで取り上げる単語は各ユニットに出てきたもの。やや難解な語彙も時には登場しますが、基本的には皆さんがよく知っているものばかり。日本語（和訳）→間違ったままのつづり字をひとまず音読してみる→フォニックスのルールから単語を類推する→正しく書き直す、という４つのループで作業を進めていきましょう。

また、クイズの終わりにはユニットのまとめをつけておきましたので、学習の振り返りにお役立てください。ぜひとも、ネイティブの子どもになった気分でフォニックス・クイズにチャレンジしてみてください。

クイズの解き方としては、和訳を見た瞬間にぱっと単語が浮かぶかどうかが大きなポイントとなります。そして、「これかな？」と思う単語が浮かんだら、その音に近いものを「間違ったつづり字」のグループから探します。つづり字を探す際のコツとしては、必ず声に出して読むこと。とにかく、音が重要なのです。そして、つづり字を選び終えたら、仕上げとしてフォニックスのルールを使い「間違ったつづり字」を「正しいつづり字」に書き直していきます。

なお、クイズで取り上げられている単語は「フォニックスのルールと音をチェック！」のコーナーに出てきたものです。中には複雑なルールでできている単語もありますので、よく考えて解答しましょう。もし、答えに悩んだら、本文に戻ってしっかりと復習しておいてくださいね。

フォニックス・クイズ | UNIT 01 ▶ 08

間違ったつづり字は音の誤変換によるものです。そこで、「和訳」と「間違ったつづり字」を線で結び、「正しいつづり字」に直していきましょう。

クイズ 1

和訳	間違ったつづり字	正しいつづり字
① 友情・	・jelos	[ ]
② 文学・	・nitemair	[ ]
③ 嫉妬深い・	・desisuon	[ ]
④ 〜の名のもとに・	・opinyon	[ ]
⑤ 美しい・	・liturachure	[ ]
⑥ 悪夢・	・in the guys ov	[ ]
⑦ 儲かる・	・buetiful	[ ]
⑧ 意見・	・joosi	[ ]
⑨ 決心・	・frenship	[friendship]

/9

答え

クイズ 1

① 友情	frenship	→	[friendship]
② 文学	liturachure	→	[literature]
③ 嫉妬深い	jelos	→	[jealous]
④ 〜の名のもとに	in the guys ov	→	[in the guise of]
⑤ 美しい	buetiful	→	[beautiful]
⑥ 悪夢	nitemair	→	[nightmare]
⑦ 儲かる	joosi	→	[juicy]
⑧ 意見	opinyon	→	[opinion]
⑨ 決心	desisuon	→	[decision]

クイズ 2

和訳	間違ったつづり字	正しいつづり字
① 毒舌家・	・phorein	[ ]
② 馴染みがない・	・shoo	[ ]
③ 見えること・	・sing	[ ]
④ こと・	・seyet	[ ]
⑤ 女たらし・	・shearp tong	[ ]
⑥ 携帯でメッセージを送る・	・phurst-choyse	[ ]
⑦ 靴・	・wumanaisor	[ ]
⑧ 第 1 候補・	・tekst	[ ]

／8

答え

クイズ 2

① 毒舌家	shearp tong	→	[sharp tongue]
② 馴染みがない	phorein	→	[foreign]
③ 見えること	seyet	→	[sight]
④ こと	sing	→	[thing]
⑤ 女たらし	wumanaisor	→	[womanizer]
⑥ 携帯でメッセージを送る	tekst	→	[text]
⑦ 靴	shoo	→	[shoe]
⑧ 第 1 候補	phurst-choyse	→	[first-choice]

UNIT 01 ▶ 08 のまとめ

	タイトル	学んだこと1	学んだこと2	学んだこと 3
UNIT 1	毒舌家	thing 文字の数と音の数は必ずしも一致しない。	sharp 複数の子音が新しい音を作る。	tongue 英語には読まないつづり字（黙字）がある。
UNIT 2	心配性	first 日本語では fast も first も似たように発音するが、英語はそうではない。	choice 二重母音は 1 つの音として換算する。	juicy y には子音字と母音字の読み方がある。
UNIT 3	失恋	nightmare fare（料金）や fair（公平な）のように英語には同音異義語が多数ある。	beautiful 英語にはフランス語を語源とする単語がたくさんある。	
UNIT 4	体育会系男子	literature 複音節の単語には弱母音があり、それらは喉を使って発音するとよい。	foreign 黙字はつづり字の読み方のバリエーションを増やすために必要不可欠な存在である。	
UNIT 5	頑固な娘	opinion 母音字の直前の i は「ヤ」に近い音になる。	decision つづり字の sh と si は同じ口のかたちで作る無声音と有声音のペアである。	shoe 「ウー」と読む oe は例外のつづり字。

	タイトル	学んだこと1	学んだこと2	学んだこと 3
UNIT 6	無邪気	**womanizer** 例外のつづり字は、読み方の類推がしにくいので、個々に覚えていくのが望ましい。	**jealous** 読まないつづり字であっても必要がないわけではない。**bread**（パン）から **a** を取ったら **bred**（動物が子を産む）になってしまう。	
UNIT 7	一目ぼれ	**text** 子音混合音は間髪入れずに一気に読む。	**sight** **igh** の **gh** は黙字である。	
UNIT 8	修羅場	**guise** 連続する母音字のどちらかを読む場合、アルファベット読みかフォニックス読みのいずれかになる。	**of** **of course** の **of** の **f** は、無声子音の **c** に引っ張られる格好で「ヴ」→「フ」に変調する。	**friendship** 連続する母音が新しい音を作ることもある。

UNIT 09 | 似た者同士

Track 058

A: エリック　B: 友達

A: My dream is to live abroad in the future.

B: I have similar goals too, Eric.

A: My parents would like to see their son settle down, but the world is full of wonder, right? "Nothing ventured, nothing gained."

B: I can't agree more. Who knows where the universe will take us next?

A: Sounds like we're two of a kind.

B: Yeah. To begin with, I've been saving up for a long trip to Asia.

- similar（似ている、類似した）
- goal（目標）
- settle down（身を固める）
- wonder（驚き）
- venture（思い切ってする）※ Nothing ventured, nothing gained.（当たって砕けろ）の意味合いで使われます。
- universe（世界、宇宙）
- two of a kind（似た者同士）

A: 僕の夢はいつか将来、他の国で暮らすことなんだ。

B: 私も似たような目標があるの、エリック。

A: 僕の両親は息子が地に足をつけてほしいと願っているけど、世界はまさに好奇心にあふれているよね。「冒険なくして、得るものはない」。

B: まったくその通り。世界が私たちをどこへ連れていくのかなんて誰にもわからないわよね？

A: 僕たちは似た者同士みたいだ。

B: ええ。手始めに、私はアジア旅行に向けて貯金中よ。

フォニックスのルールと音を✔チェック！

単語		つづり字	発音記号	フォニックス・ルール	ルール番号
wonder（驚き）	①	wo	/wʌ/	準ルール	99
	②	n	/n/	1字つづりの子音	20
	③	d	/d/	1字つづりの子音	12
	④	er	/ər/	弱母音	88

▶① w は隣の母音字にちょっかいを出し、読み方を変えてしまいます。o の規則的な読み方は hot の /ɑ/ なのですが、wo のときは cut の /ʌ/ になってしまいます。言ってしまえばどちらも「ア」ですが、もちろん音色は異なります。ちなみに、「魔法の杖」という意味の wand も母音が変調してしまいます。a の規則的な読み方は cat の /æ/ ですが、wa のときは /ɑ/ になるのです。

	つづり字	発音記号	単語	メモ
1)	wo-	/wʌ/	wonder（驚き）	母音が /ɑ/ → /ʌ/ に変調
2)	wa-	/wɑ/	wand（魔法の杖）	母音が /æ/ → /ɑ/ に変調

/ʌ/ は口をあまり開けず忘れ物を思い出したときの「ア」。/ɑ/ は指を縦に2本分、口を大きく開けて「ア」と発音します。

単語		つづり字	発音記号	フォニックス・ルール	ルール番号
venture（思い切ってする）※本文では過去形です。	①	v	/v/	1字つづりの子音	16
	②	e	/e/	1字つづりの母音	3
	③	n	/n/	1字つづりの子音	20
	④	ture	/tʃər/	接尾辞の ture	98

▶④ ture で1つのフォニックス・ルールになります。ture には強勢の位置を探る方法があり、adventure や departure のように ture の直前の母音（赤い文字の部分）に強いアクセントがつくことが多いのです。ture の t は ch（/tʃ/）と同じ読み方をするので、ture の音を文字にすると *chure* に。なお、venture の語源は「危険」。adventure（冒険）の語頭の消失と見ることができます。

さて、次は語尾に ture がつく単語です。▼は強アクセントの箇所です。

- adventure（冒険）
- culture（文化）
- departure（出発）
- expenditure（支出額）
- gesture（ジェスチャー）
- nature（自然）
- picture（写真）
- sculpture（彫刻）

ただし、literature（文学）や signature（署名）のように、第 1 音節の i に強アクセントがつく単語もあります。

音声変化をマスターしよう！～ダイアローグからピックアップ～

音声をよく聞き、英文を声に出して言ってみましょう。

1 My dream is to live abroad in the future.
2 The world is full of wonder, right?
3 Who knows where the universe will take us next?
4 Sounds like we're two of a kind.
5 I've been saving up for a long trip to Asia.

	ターゲット	フォニックスナビ	発音記号	変化のタイプ
1	dream	-	/driːm/	**カタカナ**
2	full of	ll + o	/l ə/	**連結** **暗いL → 明るいL**
3	take us	k + u	/k ʌ/	**連結**
4	of a	f + a	/v ə/	**連結**
5	Asia	-	/éiʒə/	**カタカナ**

1 カタカナ発音に注意！　ドリームではなく「ジョリーム」です。dr は jam の j に似た音です。
2 ll と o がくっついて「フロヴ」に。full の ll は暗い L ですが、o と連結し明るい L に。
3 k と u がくっついて「テイカス」に。なお、take の e は黙字ですので、実際は k と u の連結となります。
4 f と a がくっついて「オヴァ」となります。of の f は例外のつづり字で /v/ と読みます。

5 カタカナ発音に注意！　アジアではなく「エィヂャ」です。エィを強く言いましょう。

ディクテーション

仕上げとして、当ユニットの会話を聞き、書き取ってみましょう。

A:

B:

A:

B:

A:

B:

Tongue Twister　フォニックスと数字の早口言葉

Track 059

Willy waved a wand **five times** and won the lottery!

（ウィリーは魔法の杖を5回振り、クジに当たった！）

UNIT 10 | 近頃のジェーン

Track 060

A: 妻　B: 夫

A: I was surprised to hear that Jane had broken off her engagement with Tony.

B: It blew my mind when I heard the news, too.

A: Don't you think she's been all over the place recently?

B: Yes. She's becoming more and more unpredictable, especially after she broke off the previous one with Taylor.

A: I had no idea how she would be able to live through that suffering.

B: Or, maybe she just isn't marriage material. Married life requires so much patience, right, honey?

- break off（取りやめる）
- blow one's mind（びっくりさせる）　※直訳すると「（驚いて）心が吹き飛ぶ」。
- all over the place（押さえがきかなくなる）　※「そこら中取り散らかしている」というイメージ。
- unpredictable（予測不能だ）
- live through（乗り切る）
- suffering（苦痛）
- material（[資質が］～に向いている）

A: ジェーンがトニーとの婚約を破棄したと聞いて驚いたわ。

B: そのニュースを聞いて僕もびっくりしたよ。

A: 近頃の彼女、やりたい放題って感じだと思わない？

B: ああ。ますます予測不能な行動を取っているし、特に前回のテイラーとの婚約を破棄してからだよね。

A: 彼女がどれだけつらい思いをしているのか、想像することさえできないわ。

B: それか、多分彼女って結婚に向いていないタイプなのかも。結婚生活は多大なる忍耐を要するものだよね、ハニー？

フォニックスのルールと音を✓チェック！

単語		つづり字	発音記号	フォニックス・ルール	ルール番号
news（ニュース）	①	n	/n/	1字つづりの子音	20
	②	ew	/juː/	母音ペア②	51
	③	s	/z/	zと読むs	97

▶②③　英語では「ズ」になるものが、日本語では「ス」にすり替わっているという単語があります。newsはその代表格で、ニュースなのかニューズなのか？　…悩ましいところですが、どうやら日本語での表記にはユレがあり、両方が便宜的に用いられているようです。ところが英語の場合はそうはいきません。w（有声音）に続くsは「ズ」ですから、基本的には「ニューズ」の一択です。しかしながら、英語の場合は母音字の読み方のほうにユレが生じています。特に、米国ではnewsを「ヌーズ」のように発音する人もおり、辞書によっては /nuːz/（「ヌ」）/njuːz/（「ニュ」）の順で掲載しているものもあります。日本語では「ニュースとニューズ」、英語では「ニューズとヌーズ」のはざまで選択が生じているというわけです。ちなみに、政治や社会情勢をメインに扱っている雑誌Newsweekの日本版の名称は「ニューズウィーク」ですね。

単語		つづり字	発音記号	フォニックス・ルール	ルール番号
patience（忍耐）	①	p	/p/	1字つづりの子音	7
	②	a	/ei/	アルファベット読み	1
	③	ti	/ʃ/	shと読むti	97
	④	e	/ə/	弱母音	86
	⑤	n	/n/	1字つづりの子音	20
	⑥	c	/s/	1字つづりの子音	13
	⑦	e	-	読まない	-

▶③　tiで1つのフォニックス・ルールとなり、弱母音の前のtiは、sh（/ʃ/）の読み方になります。他にどのような単語があるか見てみましょう。

・action（行動）
・ambition（野心）
・education（教育）
・evolution（進化）
・nutrition（栄養）
・satisfaction（満足）
・station（駅）
・vocation（天職）

声に出して読んでみるとわかりますが、接尾辞 -tion の直前の母音に強いアクセントがつくことが多いのです。

音声変化をマスターしよう！～ダイアローグからピックアップ～

音声をよく聞き、英文を声に出して言ってみましょう。

1 Jane had broken off her engagement with Tony.
2 It blew my mind when I heard the news.
3 Don't you think she's been all over the place recently?
4 I had no idea how she would be able to live through that suffering.
5 She just isn't marriage material.

	ターゲット	フォニックスナビ	発音記号	変化のタイプ
1	broken off	n + o	/n ɔː/	**連結**
2	it blew	t + b	/t b/	**脱落**
3	don't you	t + y	/t j/	**同化**
4	would be	d + b	/d b/	**脱落**
5	material	-	/mətíəriəl/	**カタカナ**

1 n と o がくっついて「ブロウクンノォフ」に。
2 t と b が隣り合うと、t の音が落ち「イッブルー」に。ちなみに、blew と blue は同音異義語です。
3 t と y が隣り合うと音の変化が起き「ドンチュゥ」。t+y（/t j/）は /tʃ/ になります。
4 d と b が隣り合うと、d の音が落ち「ウッビィ」に。oul は読み方に注意が必要なつづり字で、「ウ」(/u/) です。
5 カタカナ発音に注意！　マテリアルではなく「マテリォゥ」です。語尾の l は暗い L ですので「ゥ」に近い音になります。

ディクテーション

仕上げとして、当ユニットの会話を聞き、書き取ってみましょう。

A:

B:

A:

B:

A:

B:

Tongue Twister　フォニックスと数字の早口言葉

Track 061

Nelly knew I heard the news from you in June.

（ネリーは、私がその知らせをあなたから6月に聞いたことを知った）

UNIT 11 | お料理チャレンジ

Track 062

A: 妻　B: 夫

A: I came up with a new recipe. I hope you like it. Bon appetit!

B: Wow, this looks super delicious. You're a keen cook and this one is...

A: Something wrong, darling?

B: Ah... I guess there's just a little bit too much salt in it. Sorry if I'm wrong.

A: Let me see... oops. My cooking experiment has ended up a complete fiasco.

B: Don't worry. We can always enjoy some TV dinners. I'll go grab some from the fridge.

- come up with（[アイディアなどを］思いつく）
- Bon appetit.（たくさんお召し上がりください）　※決まり表現です。
- keen（熱心な）
- experiment（実験）
- fiasco（大失敗）
- TV dinner（すぐに食べられる冷凍食品）　※いわゆるチンするだけで食べられるピザなど。

A: 新作のレシピを思いついたから、気に入ってもらえると嬉しいわ。さあ、召し上がれ！

B: わあ、超おいしそうだ。君は熱心な料理家だし、これもその…。

A: 何か変、ダーリン？

B: えーと、ちょっとばかり塩が多すぎるのかなと思うんだけど。間違っていたらゴメン。

A: どれどれ…おっと。私のお料理チャレンジ実験は完全なる大失敗に終わったわ。

B: 大丈夫。いつだって TV ディナーが楽しめるじゃないか。今、冷蔵庫から取ってくるよ。

フォニックスのルールと音を✔チェック！

単語		つづり字	発音記号	フォニックス・ルール	ルール番号
salt（塩）	①	s	/s/	1字つづりの子音	13
	②	al	/ɔːl/	alのつづり字	94
	③	t	/t/	1字つづりの子音	11

▶② saltのlは暗いLと呼ばれ、その名の通り、こもったような暗めの音色なのですが、舌先を歯茎に接近させ「ゥ」と言うとくぐもった母音が生まれます。一方、明るいLは、はっきりくっきり小気味のよい「ル」。いわゆる私たちが認識しているラ行の音と考えてよいでしょう。一般的な英和辞書では、明るいL（Clear L）も暗いL（Dark L）も共通の発音記号が用いられているため見分けがつきにくいかもしれませんが、lemonやlessonのように語頭では明るいL、saltやtoldのようにlと子音字が連続するときや、hillやsale（eは黙字）のように語尾に来るときは暗いLになることが多いのです。ちなみに黙字のlもあります。フォニックスのルールでは、つづり字のal（/ɔː/）がそれにあたり、talk（話す）、palm（手のひら）、calm（平穏な）の読み方は「トーク」「パーム」「カーム」です。

単語		つづり字	発音記号	フォニックス・ルール	ルール番号
wrong（間違った）	①	wr	/r/	語頭のwr	98
	②	o	/ɔː/	音を伸ばすo	90
	③	ng	/ŋ/	2字つづりの子音	35

▶① wrのwは黙字です。wrongを聞こえたまま文字にすると*rong*ですが、筆記試験でこう書くとwrong（不正解）になってしまいます。write（書く）やwrist（手首）など、基本的な単語に見受けられるつづり字ですが、語頭の黙字というのはこの他にもあります。gnaw（かじる）のgnやknife（ナイフ）のknがそれにあたります。knは、古英語では1文字1音で発音されていたのが、現在ではnだけが読まれkはかたちとして残ったものと考えられています。

黙字（語頭）

つづり字	ルール	単語		
wr	wは読まない	write （書く）	wrong （間違いの）	wrist （手首）
gn	gは読まない	gnu （［動物］ヌー） ［ヌー］	gnaw （かじる） ［ノー］	gnome （地の精） ［ノゥム］
kn	kは読まない	knife （ナイフ）	knock （ノックをする）	knight （騎士）

※読み方が類推しにくい単語にはカタカナを振ってあります。

なお、私の友人にking gnu（バンド名）を「キング・グニュ」と誤読してしまった者がおりますが、読まない文字の存在さえ知ってさえいれば…。

音声変化をマスターしよう！～ダイアローグからピックアップ～

音声をよく聞き、英文を声に出して言ってみましょう。

1 I came up with a new recipe.

2 You're a keen cook and this one is...

3 There's just a little bit too much salt in it.

4 Sorry if I'm wrong.

5 My cooking experiment has ended up a complete fiasco.

	ターゲット	フォニックスナビ	発音記号	変化のタイプ
1	came up	m + u	/m ʌ/	**連結**
2	one is	n + i	/n i/	**連結**
3	bit too	t + t	/t t/	**脱落**
4	if I'm	f + I	/f ɑi/	**連結**
5	ended up a	d + u p + a	/d ʌ/ /p ə/	**連結**

1 mとuがくっついて「ケイマッ」に。

2 nとiがくっついて「ワンニズ」に。oneは例外のつづり字で、won（winの過去形）と同音異義語です。eは黙字のため、nとiが連結しています。

3 tとtが隣り合うと、最初のtの音が落ち「ビットゥ」になります。

4 fとIがくっつくて「イファイマ」に。

5 dとu、pとaがそれぞれくっついて、全体では「エンディダッパ」になります。ended のedは /id/ です。

ディクテーション

仕上げとして、当ユニットの会話を聞き、書き取ってみましょう。

A:

B:

A:

B:

A:

B:

Tongue Twister　フォニックスと数字の早口言葉

Track 063

Rob writes down 2536 and Rose writes down 2563 but both are wrong!

（ロブは2536と書き、ローズは2563と書く。でも、どちらも間違いです！）

※2536（two five three six）
　2563（two five six three）

UNIT 12 | 締め切り

Track 064

A: 同僚１　B: 同僚２

A: Let me double-check. When's the sales report due?

B: By the end of Friday. Frankie says the marketing team will need it for their monthly meeting on March 2.

A: In that case, we have to step up our efforts to meet the deadline.

B: I guess you're right.

A: To get psyched up, I'll get you all some espresso at the coffee shop.

B: Hey, we can't waste a single minute. We should start right now!

- due（期日の来た）
- monthly（月１回の）
- in that case（その場合）
- step up（[活動に] 力を入れる）
- deadline（締め切り）
- psyched up（気合の入った）※psyched のみの場合もあります。

A: ダブルチェックさせて。営業報告書の締め切りはいつだっけ？

B: 金曜日よ。フランキーが言うには、マーケティングのスタッフが３月２日の月次ミーティングに必要なんだって。

A: てことは、締め切りに間に合うように頑張らないと。

B: どうやら、そのようね。

A: 気合を入れるために、まずはコーヒーショップでエスプレッソを買ってきてあげよう。

B: ねえ、１分たりとも無駄にはできないわよ。今すぐ始めなきゃ！

フォニックスのルールと音を✓チェック！

単語		つづり字	発音記号	フォニックス・ルール	ルール番号
due（期日の来た）	①	d	/d/	1字つづりの子音	12
	②	ue	/ju:/	母音ペア①	45

▶② UNIT 10ではnewsの「ニューズVSヌーズ」について触れましたが、ここではdueの「デューVSドゥー」についてお話ししたいと思います。dueの発音記号は /dju:/ ですが、特にアメリカ英語では /j/ が落ちて「ドゥー」（/du:/）になることがあるのです。これはd, t, nのつづり字の後に「ユー」が続くと「ウー」になるという変調現象でして、newもdueもこのルールにもれなく当てはまります。皆さんが音読する際は、もちろんどちらを使っても構いませんが、整合性をつけるためにどちらかに決めておくことは必要だと思います。次の一覧にある単語の下線部分がユレのある個所です。

単語	ユー /ju:/ または	ウー /u:/
・dew（露）	デュー	ドゥー
・due（期日の来た）	デュー	ドゥー
・duty（義務）	デューティ	ドゥーティ
・news（ニュース）	ニューズ	ヌーズ
・stew（シチュー）	スチュゥ	ストゥ
・student（学生）	スチューデンッ	ストゥーデンッ
・tube（ゴムなどの管）	チューブ	トゥーブ
・tune（曲）	チューン	トゥーン

※ dewとdueは同音異義語です。

単語		つづり字	発音記号	フォニックス・ルール	ルール番号
psyched（気合の入った）	①	p	-	読まない	-
	②	s	/s/	1字つづりの子音	13
	③	y	/ɑi/	母音のy	96
	④	ch	/k/	準ルール	99
	⑤	e	-	読まない	-
	⑥	d	/t/	tと読むd	97

▶①②③④　psych-（「サイク」と読む）はギリシャ語を語源とする学術的な単語に多く見られる接頭語で、語頭の p は黙字です。psych- は「心理」や「精神」といった意味を持ち、psychology（心理学）や psychic（超自然の）などの単語を作ります。なお、psyched up はセットフレーズで「気合を入れる」という意味です。

音声変化をマスターしよう！～ダイアローグからピックアップ～

音声をよく聞き、英文を声に出して言ってみましょう。

1 We have to step up our efforts to meet the deadline.
2 I guess you're right.
3 I'll get you all some espresso at the coffee shop.
4 We can't waste a single minute.
5 We should start right now.

	ターゲット	フォニックスナビ	発音記号	変化のタイプ
1	step up	p + u	/p ʌ/	**連結**
2	guess you're	ss + y	/s j/	**同化**
3	get you	t + y	/t j/	**同化**
4	waste a	t + a	/t ə/	**連結**
5	should start	d + s	/d s/	**脱落**

1　p と u がくっついて「ステッパッ」に。
2　ss と y が隣り合うと音の変化が起き「ゲシュゥア」。ss + y（/s j/）は /ʃ/ になります。
3　t と y が隣り合うと音の変化が起き「ゲッチュ」。t + y（/t j/）は /tʃ/ になります。
4　t と a がくっついて「ウェイスタ」に。waste の e は黙字なので、実際は t と a の連結です。
5　d と s が隣り合うと、d の音が落ち「シュッスターッ」に。

ディクテーション

仕上げとして、当ユニットの会話を聞き、書き取ってみましょう。

A:

B:

A:

B:

A:

B:

Tongue Twister　フォニックスと数字の早口言葉

Track 065

The plane from Rome is due in an hour.

（ローマからの飛行機は1時間後に到着します）

1 フォニックス・ルール

2 ダイアローグを音読する

3 文章を音読する

UNIT 13 | うちの秘書

Track 066

A: 同僚1　B: 同僚2

A: Susie's new assistant, Betty, is a very hands-on worker.

B: I heard that she never delegates a difficult task. How astonishing.

A: I'm pretty sure that she's acting out of a sense of commitment.

B: Susie is such a lucky boss.

A: Success relies on teamwork and I'm sure Betty is playing an important role.

B: That's right. Look at my assistant, on the other hand. He's always reading a magazine at his desk.

- hands-on（実務型の、実地の）
- delegate（委任する）
- astonishing（驚くべき）
- act out（行動に表す、実演する）
- rely on（～に頼る）

A: スージーの新しいアシスタント、ベティだけど、とても実務能力に長けているよね。

B: どんなに大変な業務でも、決して人任せにしないんだって。驚くべきことだよ。

A: 彼女はきっと責任感を行動で示しているんだと思う。

B: スージーはなんてラッキーな上司なんだ。

A: 成功はチームワークにかかっているし、ベティはきっと重要な役割を担っていると思う。

B: ああ、そうだね。それに比べて、僕のアシスタントを見てよ。いつもデスクで雑誌を読んでいるんだ。

フォニックスのルールと音を✔チェック！

単語		つづり字	発音記号	フォニックス・ルール	ルール番号
lucky（幸運な）	①	l	/l/	1字つづりの子音	21
	②	u	/ʌ/	1字つづりの母音	6
	③	ck	/k/	2字つづりの子音	32
	④	y	/i/	弱母音	87
boss（上司）	⑤	b	/b/	1字つづりの子音	8
	⑥	o	/ɔː/	音を伸ばすO	90
	⑦	ss	/s/	1字つづりの子音（2字1音）	13

▶③　ck は2字つづりの子音に属するつづり字で、規則的な読み方は「ク」（/k/）ですが、語頭では c と k、語尾では主に ck が使われるというように、フォニックス・ルール上でのすみ分けができています。cup（語頭）や king（語頭）、rock（語尾）を見れば、それぞれがどのように機能しているか一目瞭然ですね。ちなみに語中では、picnic, ski, ticket のように c, k, ck のいずれも現われます。

▶⑥　hot の o（/ɑ/）は、縦に指が2本入るぐらい口を開けて喉の奥から「オ」（若干「ア」の音色も備えています）と発音しますが、boss の o（/ɔː/）の場合は、同じ口のかたちで「オー」と伸ばします。音の特徴そのままに、前者は短母音、後者は長母音と呼ばれています。なお、o（/ɑ/）は他の1字つづりの母音と比べて音が伸びる傾向にありますが、それでもカテゴリーとしては短母音扱いです。boss のように音を伸ばす o のつづり字を含む単語には、soft（やわらかい）、long（長い）、dog（犬）などがあります。

単語		つづり字	発音記号	フォニックス・ルール	ルール番号
teamwork（チームワーク）	①	t	/t/	1字つづりの子音	11
	②	ea	/iː/	母音ペア①	43
	③	m	/m/	1字つづりの子音	19
	④	wor	/wəːr/	準ルール	99
	⑤	k	/k/	1字つづりの子音	9

▶① ローマ字は便利と言えば便利ですが、英語の発音学習において多少の弊害もあることは否めません。英語の /t/ は、日本人が苦手としているものの1つ。ご存じの通り、team をカタカナで表すと「チーム」ですが、本来の響きとは遠くかけ離れてしまっています。というのも、英語では「ティーム」なのです。では、なぜ /t/ が「チ」になっているのでしょうか。それは…ローマ字読みが影響を与えているのです。

タ	チ	ツ	テ	ト
ta	chi	tsu	te	to

ヘボン式では「チ」の表記は ch になっているんですね。ですので、チームの音を想起しようとすると、おのずと ch（発音記号では /tʃ/）が現れてしまうのです。タ行を英語風に表せば ta ti tu te to、子音が変化することはありません。ただし、chicken のようにそもそも「チ」と読む ch はそのまま読んで構いません。決してティキンにはなりませんので、考えすぎて逆回転させぬよう！

音声変化をマスターしよう！～ダイアローグからピックアップ～

音声をよく聞き、英文を声に出して言ってみましょう。

1 She never delegates a difficult task.
2 She's acting out of a sense of commitment.
3 Susie is such a lucky boss.
4 Success relies on teamwork.
5 He's always reading a magazine at his desk.

	ターゲット	フォニックスナビ	発音記号	変化のタイプ
1	difficult task	t + t	/t t/	**脱落**
2	out of a	t + o f + a	/t ə/ /v ə/	**連結** **有音のT**
3	such a	ch + a	/tʃ + ə/	**連結**
4	teamwork	-	/tíːmwə̀ːk/	**カタカナ**
5	his	-	/(h)iz/	**弱形**

1 tとtが隣り合うと、最初のtの音が落ち「ディフィカゥッタスッ」。ディフィカルトではないので注意！　なお、語尾や文末のk（ここではtaskのk）は、辛うじて音が残るか、または音が落ちて「ッ」になります。

2 tとo、fとaがそれぞれくっついて「アウロヴァ」に。なお、Tを有音化させない場合は「ロ」ではなく「ト」です。

3 chとaがくっついて「サッチャ」に。

4 カタカナ発音に注意！　チームワークではなく「ティームワーク」です。

5 hisは文中ではhの音が弱まるか、音が落ち「イズ」に。

ディクテーション

仕上げとして、当ユニットの会話を聞き、書き取ってみましょう。

A:

B:

A:

B:

A:

B:

Tongue Twister　フォニックスと数字の早口言葉

Track 067

I picked up **hundreds of** Greek words but it's still all Greek to me.

（何百ものギリシャ語を覚えたけれど、いまだに完全にちんぷんかんぷん）

※ it's all Greek to me は「（言語などが）ちんぷんかんぷんだ」という意味。

UNIT 14 | 勝利の祝杯

Track 068

A: 同僚 1　B: 同僚 2

A: I managed to make a contract with ABC Farmer to supply us with the grain.

B: Good for you. It was really a tough call, wasn't it?

A: Yeah, more than you can imagine. I'm relieved that my efforts didn't go down the drain.

B: I heard that it took nearly a year to make it happen, is that right?

A: True. My boss is so inflexible that I needed extra months to persuade him to agree to the proposal.

B: At the end of the day, it's your victory. Let's go for a drink to celebrate your great achievement.

- grain（穀物）
- tough（困難な、難しい）
- call（決断）
- go down the drain（水の泡となる）　※直訳すると「排水溝に流れ落ちる」。
- make it happen（[夢や目標を] 実現させる）
- inflexible（融通の利かない）
- persuade（説得する）
- at the end of the day（結局は）

A: ABC ファーマーとの穀物供給の契約をやっと取り付けることができたわ。

B: すごいな。本当に難しい決断だったんじゃない？

A: ええ、想像以上にね。努力が水の泡とならずに済んでほっとしてるわ。

B: ここに来るまでに約 1 年かかったって聞いたけど、そうなの？

A: 事実よ。うちの上司は融通がきかないから、提案の同意をもらうために、さらに数か月を要したというわけ。

B: 結局のところは、君の勝利だよ。すばらしい成果を祝うために、さあ、飲みに行こう。

フォニックスのルールと音を✔チェック！

単語		つづり字	発音記号	フォニックス・ルール	ルール番号
tough（困難な）	①	t	/t/	1字つづりの子音	11
	②	ou	/ʌ/	準ルール	99
	③	gh	/f/	2字つづりの子音	33
call（決断）	④	c	/k/	1字つづりの子音	9
	⑤	all	/ɔːl/	allのつづり字	94

▶③　UNIT 7では黙字のghを学びましたが、ghにはfの音になるというルールもあり、ghが語中または語尾にあるときに現れます。③の発音記号が/f/になっていることからも確認できるかと思います。なお、/f/が語頭に来るときは、原則的にfやphのつづり字が使われます。fanのfやphotoのphなどがそうです。phはghよりも可動範囲が広く、語頭（photo）、語中（graphic）、語尾（Joseph）のいずれにも現れます。

▶⑤　allで1つのフォニックス・ルールとなります。このllは暗いLですので「オーゥ」（/ɔːl/）と発音します。allのつづり字ではaは音が伸びる、つまり長母音になるという原則があるため、call, wall, hallのそれぞれの読み方は「コーゥ」「ウォーゥ」「ホーゥ」です。なお、altogetherのようにalとつづることもあります。

単語		つづり字	発音記号	フォニックスのルール	ルール番号
great（すごい）	①	gr	/gr/	子音混合音	69
	②	ea	/ei/	例外	100
	③	t	/t/	1字つづりの子音	11

▶①　greatのgrは子音混合音と言い、複数の子音字が結合して音を作ります。grはRグループの代表的な音で、かたいGの後にすかさずrを続けます。“すかさず”という感覚が日本人にはとても大切です。というのも、日本語にはそもそも子音と子音の連結という構造がないからです。ローマ字では「やまかわ」はya ma ka waですので、子音の後に母音のaがくっついてきます。極端なことを言えば、ymkwを一気に発音する気概がほしいところ。子音の連続をきちんと発音できるようにな

るためには、まずは日本語の既成概念を打ち破る必要があるのです。text の発音もそうでしたが、連続子音の攻略法はただ 1 つ。間髪入れずに一気に読む訓練を積むことです。

音声変化をマスターしよう！～ダイアローグからピックアップ～

音声をよく聞き、英文を声に出して言ってみましょう。

1 Good for you.
2 Yeah, more than you can imagine.
3 My efforts didn't go down the drain.
4 It took nearly a year to make it happen.
5 My boss is so inflexible.

	ターゲット	フォニックスナビ	発音記号	変化のタイプ
1	for	-	/fər/	弱形
2	can	-	/kən/	弱形
3	didn't go	t + g	/t g/	脱落
4	make it	k + i	/k i/	連結
5	boss is	ss + i	/s i/	連結

1 for は文法的な機能としてはもちろん必要ではありますが、通常は「フォ」のように短く弱くなります。強く言むと数字の four（4）になってしまいます！
2 通常、can は文の中では弱くなり「クン」に似た音になります。
3 t と g が隣り合うと、t の音が落ちて「ディドンッゴゥ」に。ちなみに、didn't を「ディルン」のように言うネイティブもいます。
4 k と i がくっついて「メイキッ」に。
5 ss と i がくっついて「ボスィズ」になります。

ディクテーション

仕上げとして、当ユニットの会話を聞き、書き取ってみましょう。

A:

B:

A:

B:

A:

B:

Tongue Twister　フォニックスと数字の早口言葉

Phil's watch is a minute slow and mine is a minute fast.

(フィルの腕時計は1分遅れで、私のは1分速い)

UNIT 15 ｜ 会場探し

Track 070

A: 同僚 1　B: 同僚 2

A: Will the annual conference be held at the same place as last year?

B: I'm not sure, but I have a feeling it won't.

A: Why do you say that?

B: Jane was complaining about the cost of rent. It was too high, so I guess they're looking for a new venue.

A: Keep me informed. I have to report it to Mr. Smith.

B: Absolutely. Let's keep our fingers crossed that they'll find a better place to please your boss!

- annual（年 1 回の）
- complain（文句を言う）
- rent（賃貸料、使用料）
- venue（会場）
- keep one's fingers crossed（幸運を祈る）※指をクロスさせ、十字架に見立てることから。

A: 年次会議は去年と同じ場所で開催されるの？

B: わからないけど、多分違うんじゃないかな。

A: どうしてそう思うわけ？

B: ジェーンが使用料について文句を言ってたわ。高すぎるって。だから新しい会場を探していると思う。

A: また情報を教えて。スミス部長に報告しなきゃならないんだ。

B: もちろん。彼らがベターな場所を探して、部長のご機嫌が取れるように祈りましょう！

※部長などの役職は、苗字に Mr. や Ms. をつけて表します。

フォニックスのルールと音を✔チェック！

単語		つづり字	発音記号	フォニックス・ルール	ルール番号
sure（確かな）	①	s	/ʃ/	例外	100
	②	ure	/uər/	rつきの母音	81

▶① sea（海）や sit（座る）など、s の規則的な読み方は「ス」（/s/）です。一方、sure や sugar のように「シュ」（/ʃ/）と読む s は例外の扱いとなります。ちなみに、ss も /ʃ/ になることがあります。

/ʃ/ と読む ss			
assure（保証する）	issue（問題点）	tissue（細胞の組織）	pressure（プレッシャー）

なお、語尾の ss は /s/ です。※ assort（分類する）のように語中に現れることもあります。

/s/ と読む ss			
class（クラス）	dress（ドレス）	kiss（キスする）	press（押す）

語中の -ss- と語尾の -ss は同じつづり字でありながら読み方が違う。なかなか面白いと思いませんか。

単語		つづり字	発音記号	フォニックス・ルール	ルール番号
new（新しい）	①	n	/n/	1字つづりの子音	20
	②	ew	/ju:/	母音ペア②	51
venue（会場）	③	v	/v/	1字つづりの子音	16
	④	e	/e/	1字つづりの母音	3
	⑤	n	/n/	1字つづりの子音	20
	⑥	ue	/ju:/	母音ペア①	45

▶②⑥ new venue は ew と ue が韻を踏んでおり、音読が楽しくなる響きを持っ

ていますね。さて、ue, ui, ew, u には「ユー」（/juː/）および「ウー」（/uː/）の読み方があるのですが、j, l, r, s, ch の後では「ウー」になる傾向があります。下線の直前のつづり字にご注目ください。※いずれも下線部分の母音は /uː/ です。

・June（6 月）
・blue（青）
・clue（手がかり）
・screw（ネジ）
・rule（法則）
・fruit（フルーツ）
・true（真実の）
・super（すばらしい）
・chew（噛む）

screwdriver（ねじ回し）は、カタカナ英語ではスクリュー・ドライバーですが、通常、下線の部分は“スクルゥ”と発音します。

音声変化をマスターしよう！～ダイアローグからピックアップ～

音声をよく聞き、英文を声に出して言ってみましょう。

1 Will the annual conference be held at the same place as last year?
2 I have a feeling it won't.
3 I have to report it to Mr. Smith.
4 Let's keep our fingers crossed.
5 They'll find a better place to please your boss.

	ターゲット	フォニックスナビ	発音記号	変化のタイプ
1	last year	t + y	/t j/	**同化**
2	have a	v + a	/v ə/	**連結**
3	report	-	/ripɔ́ːrt/	**カタカナ**
4	keep our	p + our	/p ɑuər/	**連結**
5	please your	s + y	/z j/	**同化**

1 t と y が隣り合うと音の変化が起き「ラスチィヤ」。t+y（/t j/）は /tʃ/ になります。
2 v と a が隣り合うと「ハヴァ」に。v は摩擦音の「ヴ」ですので、幅や羽場（haba）のイメージとは合致しません。ナイストライではありますが、悪しからず。
3 カタカナ発音に注意！　レポートではなく「リポート」です。

4　p と our がくっついて「キーパゥワ」に。

5　s と y が隣り合うと音の変化が起きて「プリーヂュア」。s+y（/z j/）は /ʒ/ になります。

ディクテーション

仕上げとして、当ユニットの会話を聞き、書き取ってみましょう。

A：

B：

A：

B：

A：

B：

Tongue Twister　フォニックスと数字の早口言葉

Track 071

Alice has neither tip nor rule about how to count one-tenth of a second.

（アリスは 10 分の 1 秒をどうやって数えればよいのか、方法もルールもさっぱりわからない）

UNIT 16 | 上司の秘密

Track 072

A: 同僚 1　　B: 同僚 2

A: We've been working against the clock all morning long.

B: Yeah. Why don't we take a short break?

A: Sure. Let's grab some coffee and get some rest in the nearby park.

B: Perfect. By the way, I saw Ms. Jones doing yoga in Meeting Room C.

A: Every boss needs to stretch their legs, you know.

B: I always wondered how she could manage to work under such massive pressure, but now I know how she can.

- work against the clock（時間に追われて仕事をする）
- grab（つかむ、手に取る）
- nearby（近くの）
- stretch one's legs（脚をほぐす、ストレッチをする）　※長時間座った後など。散歩に行くという意味でも使われます。
- massive（膨大な）

A: 私たち、今朝からずっと働きづくめだよ。

B: ああ。気分転換にちょっと休憩を取ろうか？

A: もちろん。コーヒーでも買って、近場の公園で休みましょう。

B: 完璧。ところでジョーンズ部長が会議室 C でヨガをしているのを見たよ。

A: どんな上司にだってストレッチは必要よ。

B: 彼女がものすごいプレッシャーの中でどうやって仕事をこなせるのかいつも疑問だったけど、その謎がやっと今解けたよ。

フォニックスのルールと音を✓チェック！

単語		つづり字	発音記号	フォニックス・ルール	ルール番号
break (休み)	①	br	/br/	子音混合音	67
	②	ea	/ei/	例外	100
	③	k	/k/	1字つづりの子音	9

▶② ここまでの学習を通して、2つの母音字が連続するとき、どちらか一方を読むというのが基本的な考え方であるというのががおわかりいただけたのではないでしょうか。breakのeaは例外の読み方をするつづり字でaをアルファベット読み、jealousのeaは準ルール扱いでeをフォニックス読みしています。UNIT 8にてお話しした通り、規則的なものから例外に至るまで、母音字が連続する単語の読み方を推測する際には、(1)どちらの母音字を読むのか？ (2)選んだ文字はアルファベット読みなのか、フォニックス読みなのか？を考えてみるところから始まります。そして、どちらにも当てはまらなければ新しい音で読む――でしたね。私たちは学生の頃から「暗記」という機械的な作業を通して単語を覚えてきましたが、できることなら読み方を「分析」するというところまで学びのレベルを深化させていきたいもの。知っている単語をフォニックスのルールに当てはめ、クイズのように解読していくことで、感動はさらに広がっていくはずです。私はフォニックスの研究がライフワークですので、どこにいても何をしていてもアルファベットの文字が目に飛び込んできます。「読んでみる、推測を立ててみる」がすっかりクセになっています。

単語		つづり字	発音記号	フォニックス・ルール	ルール番号
massive (膨大な)	①	m	/m/	1字つづりの子音	19
	②	a	/æ/	1字つづりの母音	2
	③	ss	/s/	1字つづりの子音 (2字1音)	13
	④	i	/i/	弱母音	87
	⑤	v	/v/	1字つづりの子音	16
	⑥	e	-	読まない	-

pressure (プレッシャー)	⑦	pr	/pr/	子音混合音	66
	⑧	e	/e/	1字つづりの母音	3
	⑨	ss	/ʃ/	例外	100
	⑩	ure	/ər/	弱母音	88

▶ ③⑨　UNIT 15 で習った ss の読み方がペアで登場しています。massive の ss は「ス」(/s/)、pressure の ss は「シュ」(/ʃ/) です。フォニックスのルールで見ると、前者は規則的、後者は例外的なつづり字の扱いとなります。

音声変化をマスターしよう！～ダイアローグからピックアップ～

音声をよく聞き、英文を声に出して言ってみましょう。

1 We've been working against the clock all morning long.
2 Why don't we take a short break?
3 Let's grab some coffee.
4 I saw Ms. Jones doing yoga in Meeting Room C.
5 Every boss needs to stretch their legs.

	ターゲット	フォニックスナビ	発音記号	変化のタイプ
1	against the	t + th	/t + ð/	**脱落**
2	take a	k + a	/k + ə/	**連結**
3	grab some	b + s	/b + s/	**脱落**
4	yoga	-	/jóugə/	**カタカナ**
5	their	-	/ðər/	**弱形**

1 t と th が隣り合うと t の音が落ち「アゲインスッザ」に。against の ai（「エィ」）を強く発音します。なお、この th は声の TH です。
2 k と a がくっついて「テイカ」。
3 b と s が隣り合うと b の音が落ち「グゥラッサム」に。
4 カタカナ発音に注意！　ヨガではなく「ヨゥガ」。o のアルファベット読みをします。
5 たいてい their は文中では弱化し「ゼァ」になりますが、スピードがつくと「ゼ」まで落ちてしまうことがあります。

ディクテーション

仕上げとして、当ユニットの会話を聞き、書き取ってみましょう。

A:

B:

A:

B:

A:

B:

Tongue Twister フォニックスと数字の早口言葉

Track 073

The great, record-breaking book is 848 pages long.

(その偉大なる、記録破りの本は848ページある)

※848 (eight hundred forty-eight)

フォニックス・クイズ | UNIT 09 ▶ 16

間違ったつづり字は音の誤変換によるものです。そこで、「和訳」と「間違ったつづり字」を線で結び、「正しいつづり字」に直していきましょう。

クイズ 1

和訳	間違ったつづり字	正しいつづり字
① 驚き・	・nooz	[ ]
② すごい・	・solt	[ ]
③ 期日の来た・	・greight	[ ]
④ チームワーク・	・shure	[ ]
⑤ 塩・	・du	[ ]
⑥ 確かな・	・wundor	[ ]
⑦ 間違った・	・teemwerk	[ ]
⑧ ニュース・	・rong	[ ]

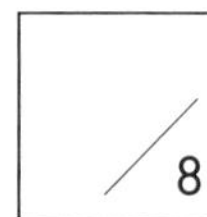

答え

クイズ 1

① 驚き	wundor	→	[wonder]
② すごい	greight	→	[great]
③ 期日の来た	du	→	[due]
④ チームワーク	teemwerk	→	[teamwork]
⑤ 塩	solt	→	[salt]
⑥ 確かな	shure	→	[sure]
⑦ 間違った	rong	→	[wrong]
⑧ ニュース	nooz	→	[news]

クイズ 2

和訳	間違ったつづり字	正しいつづり字
① 難しい判断・	・nu venu	[　　　　]
② 気合の入った・	・vencher	[　　　　]
③ 休み・	・tuph coll	[　　　　]
④ 幸運な上司・	・masive preshure	[　　　　]
⑤ 思い切ってする・	・peishense	[　　　　]
⑥ 新しい会場・	・brak	[　　　　]
⑦ 忍耐・	・sighcked	[　　　　]
⑧ 膨大なプレッシャー・	・luki bauss	[　　　　]

答え

クイズ 2

① 難しい判断	tuph coll	→	[tough call]
② 気合の入った	sighcked	→	[psyched]
③ 休み	brak	→	[break]
④ 幸運な上司	luki bauss	→	[lucky boss]
⑤ 思い切ってする	vencher	→	[venture]
⑥ 新しい会場	nu venu	→	[new venue]
⑦ 忍耐	peishense	→	[patience]
⑧ 膨大なプレッシャー	masive preshure	→	[massive pressure]

UNIT 09 ▶ 16 のまとめ

	タイトル	学んだこと1	学んだこと2	学んだこと 3
UNIT 9	似た者同士	**wonder** **wo** のつづり字のとき、**o** は /ʌ/ になることがある。	**venture** **ture** で終わる単語は、たいてい、その直前の母音に強いアクセントがつく。	
UNIT 10	近頃のジェーン	**news** 日本語と英語では、**news** の読み方にユレが生じている。	**patience** 弱母音の前の **ti** は **sh** の音になる。	
UNIT 11	お料理チャレンジ	**salt** **l** には明るい **L** と暗い **L** がある。	**wrong** **wr**（語頭）の **w** は読まない。	
UNIT 12	締め切り	**due** **ue** には 2 つの読み方があり、米国では「ウー」になることが多い。	**psyched** **psych**（**p** は黙字）はギリシャ語を語源とする接頭語である。	
UNIT 13	うちの秘書	**lucky** 語頭では **c** と **k**、語尾では **ck** が現れることが多く、語中ではいずれのつづり字も使われる。	**boss** **o** には短母音と長母音の読み方がある。	**teamwork** 日本人はローマ字の影響から英語の「ティ」を「チ」で対応してしまう傾向がある。

	タイトル	学んだこと1	学んだこと2	学んだこと 3
UNIT 14	勝利の祝杯	**tough** **gh** には黙字のほか、**f** の読み方もある。	**call** **all** で1つのフォニックス・ルール。このときの **l** は暗い **L**。	**great** 子音混合音（＝子音ブレンド音）は、間髪入れずに一気に読もう。
UNIT 15	会場探し	**sure** **sh** の読み方をする **s** は例外扱い。	**new venue** **j**, **l**, **r**, **s**, **ch** に続く **ue**, **ui**, **ew**, **u** は「ウー」と読む。	
UNIT 16	上司の秘密	**break** 「エィ」と読む **ea** は例外のつづり字。	**massive pressure** 「ス」と読む **ss** は規則的、「シュ」と読む **ss** は例外的な読み方である。	

UNIT 17 | ゲーム・オブ・チャンス

Track 074

A: 商談相手　　B: 営業担当者

A: How's your business going on?

B: Thankfully, so far so good.

A: Great. I heard that your company has developed two new hit products and they're selling like hot cakes.

B: That is true if I may say. We had an unexpected windfall profit.

A: We'll never know what line of products come off well unless we put them on the market.

B: Right. In other words, business is a game of chance.

- thankfully（ありがたいことに）
- sell like hot cakes（飛ぶように売れる）
- windfall（風で落ちた木の実）　※比喩的に「思いがけない幸運、棚ぼた式の儲け」という意味に。
- line of products（商品の種類、タイプ）
- come off（実現する、うまくいく）
- put on the market（市場に出す）
- game of chance（運頼みのゲーム）　※さいころやトランプなど、運が左右するゲームのこと。

A: ビジネスの調子はどうですか？

B: ありがたいことに、今のところ順調です。

A: すばらしいですね。御社が立て続けに新しく２つのヒット商品を開発して、それらが飛ぶように売れていると聞きました。

B: 私が言うのもなんですが、そうなんです。思いがけない利益を生んでくれました。

A: 一旦市場に出してみない限り、どんなタイプの商品が売れるかなんてわからないものですよね。

B: そうですね。言い換えるなら、ビジネスはさいころの目を振るようなものです。

フォニックスのルールと音を✔チェック！

単語		つづり字	発音記号	フォニックス・ルール	ルール番号
business（ビジネス）	①	b	/b/	1字つづりの子音	8
	②	u	/ɪ/	例外	100
	③	s	/z/	zと読むs	97
	④	i	-	読まない	-
	⑤	n	/n/	1字つづりの子音	20
	⑥	e	/ə/	弱母音	86
	⑦	ss	/s/	1字つづりの子音（2字1音）	13

▶④　英語には語中の黙字というものがあり、businessのiはそのうちの1つです。日本語では「ビジネス」という言葉で定着していますが、英語ではiの音が落ちていることから「ビズネス」の響きに近いと言えるでしょう。

黙字（語中）

読まない文字	単語	
c	muscle（筋肉）［マッソゥ］	indict（起訴される）［インダイト］
d	Wednesday（水曜日）	handkerchief（ハンカチ）
h	hour（1時間）	honest（正直な）
t	listen（聞く）	castle（城）［キャッソゥ］
p	cupboard（食器棚）［カバード］	—
u	guard（警備員）［ガード］	guess（推測する）
w	answer（答える）	—

※読み方が類推しにくい単語にはカタカナを振ってあります。

cupboardはpを読まないので語頭の部分は「カバ」になります。日本語では「カップボード」で定着していますので要注意です。なお、muscleはmussel（ムール貝）と同音異義語。なかなかユニークな取り合わせですね。

単語		つづり字	発音記号	フォニックス・ルール	ルール番号
windfall （予定外の収入）	①	w	/w/	1字つづりの子音	25
	②	i	/ɪ/	1字つづりの母音	4
	③	n	/n/	1字つづりの子音	20
	④	d	/d/	1字つづりの子音	12
	⑤	f	/f/	1字つづりの子音	15
	⑥	all	/ɔːl/	allのつづり字	94

▶①〜⑥　2つの単語がくっついて新しい意味を作るものを複合語と言います。最初の語のほうを強く読むと特別な意味になり、両方を強く読むと語の持つ本来の意味に近づきます。複合語には、armchair（アームチェアー）のように1語のものと、sleeping bag（寝袋）のように2語のものがあります。

※赤字の箇所を強く読みます。

複合語	意味	通常の句	意味
blueprint	青写真、計画	blue print	青色の印刷
darkroom	（写真現像用の） 暗室	dark room	暗い部屋
grandfather	祖父	grand father	偉大な父親
greenhouse	温室	green house	緑色の家
morning glory	朝顔	morning glory	朝の栄光
White House	ホワイトハウス （米国の大統領官邸）	white house	白い家

自分の家が「白い家」だと伝えたいときにWhite Houseと言ってしまったら…「youは大統領？？」と勘違いされてしまうかもしれません。

音声変化をマスターしよう！〜ダイアローグからピックアップ〜

音声をよく聞き、英文を声に出して言ってみましょう。

1 How's your business going on?

2 Your company has developed two new hit products.

3 They're selling like hot cakes.

4 We had an unexpected windfall profit.

5 Business is a game of chance.

	ターゲット	フォニックスナビ	発音記号	変化のタイプ
1	how's your	s + y	/z j/	**同化**
2	hit products	t + p	/t p/	**脱落**
3	hot cakes	t + c	/t k/	**脱落**
4	profit	-	/prɑ́fət/	**カタカナ**
5	is a game of	s + a m + o	/z ə/ /m ə/	**連結**

1　s と y が隣り合うと音の変化が起き「ハウジョア」。s + y（/z j/）は /ʒ/ になります。なお、how の ow は母音ペア②のつづり字です。

2　t と p が隣り合うと、t の音が落ち「ヒップラダクツ」になります。

3　t と c が隣り合うと、t の音が落ち「ハッケィクス」に。この c はかたい C です。

4　カタカナ発音に注意！　プロフィットではなく「プロフィッ」。「プラフィッ」と発音するネイティブもいます。「預言者」という意味の prophet とは同音異義語です。

5　s と a、m と o がそれぞれくっつき「イザゲィモヴ」。このように連結が 2 回もあると、本来の音とはずいぶん異なりますね。

ディクテーション

仕上げとして、当ユニットの会話を聞き、書き取ってみましょう。

A:

B:

A:

B:

A:

B:

Tongue Twister　フォニックスと数字の早口言葉

Track 075

The white house is one-fourth the size of the White House.

（その白い家はホワイトハウスの 4 分の 1 のサイズだ）

UNIT 18 | ゴールドの指輪

Track 076

A: 同僚1　B: 同僚2

A: This year's profits were lower than the previous year.

B: I know. Thank our lucky stars that we got the bonus.

A: It was the cherry on top. Hey, what are you going to do with the money?

B: I haven't decided yet but I'll probably save it for a rainy day.

A: So will I. Do you know what John bought with it?

B: I saw him wearing a big, ostentatious gold ring. I just wonder... is that it?

- bonus（ボーナス）
- cherry on top（予期せぬ幸運）※ケーキなどに乗っているサクランボをラッキーなことに喩えた表現です。
- for a rainy day（万が一の場合に備えて）※直訳すると「雨の日のため」ですが、将来に備えることを指して使われます。
- ostentatious（ど派手な）

A: 今年の営業収益は去年よりも低かったよね。

B: そうよね。ボーナスがもらえるなんて、私たち本当についているとしか言いようがないわ。

A: 予期せぬ幸運だったよ。ねえ、そのお金はどうするの？

B: まだ決めてはいないけど、多分、万が一の場合に備えて貯金しておくかな。

A: 僕もだよ。ジョンがもらったお金で何を買ったか知ってる？

B: 大きくてド派手な金の指輪をはめているのを見たけれど…ひょっとして、それって？

フォニックスのルールと音を✓チェック！

単語		つづり字	発音記号	フォニックス・ルール	ルール番号
bonus（ボーナス）	①	b	/b/	1字つづりの子音	8
	②	o	/ou/	アルファベット読み	1
	③	n	/n/	1字つづりの子音	20
	④	u	/ə/	弱母音	86
	⑤	s	/s/	1字つづりの子音	13

▶② もらって嬉しいボーナスですが、英語の発音は「ボゥナス」、「オ」と「ゥ」の口のかたちで作ります。なお、英語では二重母音であるものが、カタカナ英語では「ー」と音が伸びてしまうことがあります。特に、つづり字のoにからむ単語にその傾向が多く見られます。

単語	英語 「オゥ」（/ou/）	日本語 「オー」
boat	ボゥト	（ボート）
coat	コゥト	（コート）
old	オゥルド	（オールド）
home	ホゥム	（ホーム）

日本語の「おう」で入力検索をしてみると、王、央、応、往などの漢字がヒットします。実は、日本語ネイティブが自然なスピードで会話をしているとき、王様はおーさま、中央はちゅうおー、応用はおーよう、往復はおーふくのように母音が「ー」と伸びる傾向にあるのです（特に意識したことはないかもしれませんが、そうなのです）。つまりは日本語を話しているときの無意識的な感覚が、英語の二重母音もそのように読ませているのです。

単語		つづり字	発音記号	フォニックス・ルール	ルール番号
rainy（雨降りの）	①	r	/r/	1字つづりの子音	22
	②	ai	/ei/	母音ペア①	41
	③	n	/n/	1字つづりの子音	20
	④	y	/i/	弱母音	87
day（日）	⑤	d	/d/	1字つづりの子音	12
	⑥	ay	/ei/	母音ペア①	41

▶ ②⑥ 英語の韻律にはアリタレーションとライミングがあります。前者はBig Blue Bagのように語頭が同じ音で始まるもので、後者はJake will make some cake.のように語尾が同じ音で終わるものです。英語圏の子どもたちは幼いうちから音遊びで耳を養い、フォニックスの文字学習へ進んでいきます。もちろん、このような学び方は外国語として英語を勉強している大人の私たちにも有効です。A rainy day in May. などの言葉遊びは英語の語感を養うのに最適なのです。

音声変化をマスターしよう！～ダイアローグからピックアップ～

音声をよく聞き、英文を声に出して言ってみましょう。

1 This year's profits were lower than the previous year.
2 What are you going to do with the money?
3 So will I.
4 Do you know what John bought with it?
5 I saw him wearing a big, ostentatious gold ring.

	ターゲット	フォニックスナビ	発音記号	変化のタイプ
1	this year's	s + y	/s j/	**同化**
2	money	-	/mʌ́ni/	**カタカナ**
3	will I	ll + I	/l ɑi/	**連結**
4	with it	th + i	/ð i/	**連結**
5	wearing a	ng + a	/ŋ ə/	**連結**

1　s と y が隣り合うと音の変化が起き「ディシィャズ」。s + y（/s j/）は /ʃ/ になります。

2　カタカナ発音に注意！　マネーではなく「マニィ」。カタカナ英語としてすっかり定着している「マネー」ですが、こういうところに小さな落とし穴があるので気が抜けませんね。

3　ll と l がくっついて「ウィライ」に。

4　th と i がくっついて「ウィズィッ」に。この th は声の TH です。

5　ng と a がくっついて「ウェアリンガ」に。wear の ear は air（空気）と同じ読み方をします。

ディクテーション

仕上げとして、当ユニットの会話を聞き、書き取ってみましょう。

A:

B:

A:

B:

A:

B:

Tongue Twister　フォニックスと数字の早口言葉

Track 077

Maybe there's a 5 percent chance of rain in May in Spain.

（多分、スペインの５月の降水確率は５パーセントです）

UNIT 19 | 邪心

Track 078

A: 友達 1　B: 友達 2

A: All human desires and passions disturb our mind.

B: Hey, are you OK?

A: We should purify our spirit of any kinds of evil thoughts.

B: OK, OK, spit it out.

A: I'd like to invest in an automobile, but unfortunately I have limited financial means, so I was wondering if you could...

B: To make a long story short, you're asking me to lend you some money to buy a new car, right?

- purify（浄化する）
- evil（邪悪な）
- spit it out（はっきりと言う）
- automobile（自動車）
- means（手段、方法）
- to make a long story short（手短に言うと）　※直訳すると「長い話を短くする」。

A: 万人の欲望と熱望が我らの心をかき乱す。

B: ちょっとちょっと、大丈夫？

A: 邪悪な魂を浄化する必要がある。

B: オーケー、オーケー、はっきり言ってちょうだい。

A: 自動車に投資をしたいのだけど、不運なことに経済的手段には限界があり。つまり、もし可能であるのなら…。

B: 早い話、新車がほしくて私にお金の無心をしてるってことでしょ？

フォニックスのルールと音を✔チェック！

単語		つづり字	発音記号	フォニックス・ルール	ルール番号
desire （欲望） ※本文では複数形です。	①	d	/d/	1字つづりの子音	12
	②	e	/i/	弱母音	87
	③	s	/z/	zと読むs	97
	④	ire	/aɪər/	rつきの母音	84

▶④　ireは「アィァr」（/aɪər/）と発音しますが、「アィ」の部分が最も強く「ァ」は添える程度です。また、語尾のrは舌先を口の中の天井に向けて反り上げるというサインですが、言い終えるときに少しだけ口を閉じ気味にします。ireは「アィ」「ァ」「r」を滑らかに続けることできれいな音になります。

- admire（賞賛する）
- desire（欲望）
- entire（全体の）
- fire（火）
- hire（雇う）
- mire（湿地）
- require（要求する）
- retire（退職する）
- tire（疲れさせる）
- wire（鉄線）

他にも、複数の母音で構成されるつづり字にourとowerがあります。発音は「アゥァr」（/aʊər/）です。出だしの「ア」が最も強く、こちらもそれぞれの音を滑らかにつなげます。flourとflower、hourとourはそれぞれ同音異義語です。

- flour（小麦粉）
- flower（花）
- hour（1時間）
- our（私たちの）
- power（力）
- sour（すっぱい）
- tower（塔）

単語		つづり字	発音記号	フォニックス・ルール	ルール番号
evil （邪悪な）	①	e	/iː/	アルファベット読み	1
	②	v	/v/	1字つづりの子音	16
	③	i	/ə/	弱母音	86
	④	l	/l/	1字つづりの子音	21

▶① evilをついつい「エヴィル」と読んでしまいそうになるのは、私たちが悪魔のことを「デヴィル」と呼んでいるからではないでしょうか。ちなみに、devilは「デヴォゥ」(/dévəl/) と発音します。なかなか強面な単語の登場ですが、それぞれの単語の音を細かく見ていきましょう。

① 邪悪			② 悪魔		
			d	/d/	デ
e	/iː/	イー	e	/e/	エ
v	/v/	ヴ	v	/v/	ヴ
i	/ə/	ォ	i	/ə/	ォ
l	/l/	ゥ	l	/l/	ゥ

色がついているところを見ると、①はeのアルファベット読み、②はeのフォニックス読みになっていますね。このように、さまざまな条件下でアルファベット読みになったり、フォニックス読みになったりするのが英語の母音。母音の数は研究者によってばらつきがあるものの、全体としては20個＋αであり、フォニックスのルールと実際の音をつき合わせて検証することで、規則性、不規則性までもが見えてきます。途方もなく思える英語の音の数ですが、このような交通整理が知識をより役立つものにしてくれます。

音声変化をマスターしよう！〜ダイアローグからピックアップ〜

音声をよく聞き、英文を声に出して言ってみましょう。

1 We should purify our spirit of any kinds of evil thoughts.
2 OK, OK, spit it out.
3 I'd like to invest in an automobile.
4 I was wondering if you could...
5 You're asking me to lend you some money.

	ターゲット	フォニックスナビ	発音記号	変化のタイプ
1	spirit of	t + o	/t ə/	**連結**
2	spit it out	t + i t + ou	/t i/ /t ɑu/	**連結** **有音のT**
3	invest in	t + in	/t in/	**連結**
4	wondering if	ng + i	/ŋ i/	**連結**
5	lend you	d + y	/d j/	**同化**

1 tとoがくっついて「スピリッタヴ」に。

2 tとi、tとouがくっついて「スピリラウッ」に。有音のTが2回出てきますが、Tを有音化させない場合は「スピティタウッ」です。

3 tとinがくっついて「インヴェスティン」に。

4 ngとiがくっついて「ワンダリンギフ」に。「ン」(/ŋ/ →鼻音)のとき、舌の付け根が喉奥にぴったりとついていることを確認しましょう。ギフの「ギ」(/g/ →破裂音)とは本質的に音が異なりますので『ワンダリング岐阜』となりませんよう。(キャッチコピーのようですが…)

5 dとyが隣り合うと音の変化が起き「レンジュゥ」。d + y(/d j/)は /dʒ/ になります。

ディクテーション

仕上げとして、当ユニットの会話を聞き、書き取ってみましょう。

A:

B:

A:

B:

A:

B:

Tongue Twister　フォニックスと数字の早口言葉

Track 079

I was hired 3 decades ago and will retire in a decade.

(私は30年前に雇用され、10年後に定年退職します)

UNIT 20 | 融通の問題

Track 080

A: ジェーン　B: 荷物受け渡し係

A: Hi. I'm here to collect my baggage.

B: May I see your ID, please?

A: Sorry, I don't have any with me now. I'm Jane Chapman... and I believe you remember me. YOU gave me this slip.

B: Ah... in any case we're asking everybody to show us some ID.

A: You know me... you gave me... so, you can't. Never mind. My hotel is a 10-minute walk from here.

B: Thank you and just in case, don't forget to bring the slip with you when you come back.

- baggage（旅行用の荷物）
- never mind（気にしない、ドンマイ）
- slip（紙片）

A: こんにちは。荷物を引き取りに来ました。

B: ID をお見せいただけますか。

A: ごめんなさい、いま手元にないんです。名前はジェーン・チャップマンです…私のことを覚えていますよね。あなたがこの半券をくれたんです。

B: あー、とにかく皆さんには ID のご提示をお願いしています。

A: 私のことを知っていて…あなたがこれをくれて…そして、ダメだと。まあいいでしょう。私のホテルはここから徒歩 10 分なので。

B: ありがとうございます。念のためお伝えしますが、お戻りの際はその半券をお忘れのないように。

フォニックスのルールと音を✔チェック！

単語		つづり字	発音記号	フォニックス・ルール	ルール番号
bággage（旅行用の荷物）	①	b	/b/	1字つづりの子音	8
	②	a	/æ/	1字つづりの母音	2
	③	gg	/ɡ/	1字つづりの子音（2字1音）	10
	④	age	/idʒ/	接尾辞のage	98

▶③④　baggageは旅行用荷物という意味ですが、gが7文字中3つを占めています。このgは、かたい音（=gg）とやわらかい音（=g）とに分類されます。前者は破裂音とも呼ばれ、風船がパンと割れるような瞬間的な響きが特徴です。また、喉の奥から絞り出すように発声するため「グッ」といった強さもあります（おなかに力を入れるとうまく音が出ます）。一方、後者は摩擦音といい、衣擦れのような擦れた音色を備えた「ジ」。通常、a, o, uの前にgが来るとかたい音に、i, e, yの前に来るとやわらかい音になります。

ルール名	つづり字	単語		
かたいG	g + a, o, u	garden（庭）	goat（ヤギ）	gum（ガム）
やわらかいG	g + i, e, y	ginger（生姜）	gentle（優しい）	gym（ジム）

※gingerのgはどちらもやわらかいGです。

単語		つづり字	発音記号	フォニックス・ルール	ルール番号
hótel（ホテル）	①	h	/h/	1字つづりの子音	17
	②	o	/ou/	アルファベット読み	1
	③	t	/t/	1字つづりの子音	11
	④	e	/e/	1字つづりの母音	3
	⑤	l	/l/	1字つづりの子音	21

▶③　t の音にまつわるちょっとした面白い法則が hotel にはあります。原則として、party や water のように語中の t は有音の T、つまりラ行のような音に変調することがあるのですが、よく見ると party も water も下線部分、つまり t の直前に強いアクセントがついています。そして、このような条件下では、t は「ラ行」音になるのです。一方、hotel は t の後ろの e に強いアクセントがありますよね。このときの t は「ラ行」には変調せず「タ行」のままなのです。guitar も ar に強いアクセントがあるためラ行化しません。T の有音化は話者や国によってユレがあるのですが、hotel はいつ何時もホレルではなく「ホテル」。guitar をギラーと言いたくなったとしても常に「ギター」です。

音声変化をマスターしよう！～ダイアローグからピックアップ～

音声をよく聞き、英文を声に出して言ってみましょう。

1 **I don't have any with me now.**
2 **I'm Jane Chapman.**
3 **We're asking everybody to show us some ID.**
4 **My hotel is a 10-minute walk from here.**
5 **Don't forget to bring the slip with you when you come back.**

	ターゲット	フォニックスナビ	発音記号	変化のタイプ
1	have any	v + a	/v ə/	**連結**
2	Jane	-	/dʒein/	**カタカナ**
3	some	-	/səm/	**弱形**
4	hotel is	l + i	/l i/	**連結** **暗いL** **→明るいL**
5	don't forget	t + f	/t f/	**脱落**

1　v と a がくっついて「ハヴェニ」に。

2　カタカナ発音に注意！　ジェーンではなく「ジェイン」です。Jane はサイレント E のルールに則っているので、a はアルファベット読みです。

3　たいてい、some は文の中は弱くなるので「スム」に。

4　l と i がくっついて「ホテゥリズ」に。hotel のように、t の後ろに強いアクセントがある場合は有音のＴになりません。また、hotel のｌは暗いＬですが、ｉと連結して明るいＬに転じます。

5 ｔとｆが隣り合うと、ｔの音が落ち「ドンッフォゲッ」に。

ディクテーション

仕上げとして、当ユニットの会話を聞き、書き取ってみましょう。

A:

B:

A:

B:

A:

B:

Tongue Twister　フォニックスと数字の早口言葉

Track 081

Your bag is **twice as big as** Ben's.

（君のバッグはベンのよりも2倍大きい）

1 フォニックス・ルール

2 ダイアローグを音読する

3 文章を音読する

UNIT 21 | うるさい隣室

Track 082

A: ホテルの客　　B: フロント担当者

A: Would it be possible to switch rooms, please?

B: May I ask why you'd like to do so?

A: The neighboring room was having a riotous party all through the night. We couldn't sleep a wink.

B: Sorry for the inconvenience. I'll check for some available rooms right now.

A: Thank you. I would be grateful if you could find us one on a quiet floor.

B: Of course, ma'am. Could you tell me which room's guests were making the noise?

- switch（変える）
- neighboring（近くの）
- riotous（騒々しい）
- not sleep a wink（一睡もできない）　※通常、否定形で使います。
- grateful（ありがたく思う）
- make the noise（大きな音を立てる、騒ぐ）

A: お部屋を換えてもらうことは可能でしょうか？

B: その理由をお伺いしてもよろしいですか。

A: 近くの部屋が大騒ぎのパーティーを開いていて、一睡もすることができなかったんです。

B: それは大変ご迷惑をおかけしました。ただいま空いているお部屋をお探しいたします。

A: ありがとう。静かな階で見つけてもらえるとありがたいのですが。

B: もちろんです。どの部屋が騒がしかったか教えていただけますか。

フォニックスのルールと音を ✔ チェック！

単語		つづり字	発音記号	フォニックス・ルール	ルール番号
room（部屋）	①	r	/r/	1字つづりの子音	22
	②	oo	/uː/	母音ペア②	49
	③	m	/m/	1字つづりの子音	19

▶ ②　oo のつづり字には、短い OO と長い OO があります。短い OO（/u/）は喉の奥から「ウ」、長い OO（/uː/）は唇を突き出して「ウー」と伸ばします。なお、/u/ の規則的なつづり字は、短い OO の他に u もあります。一方、/uː/ のほうは長い OO の他、u, ou, ui, ew といった具合にバリエーションが豊富です。

発音記号	単語				
/u/	look（見る）	put（置く）			
/uː/	room（部屋）	June（6月）	group（グループ）	fruit（フルーツ）	blew（blow［吹く］の過去形）

単語		つづり字	発音記号	フォニックス・ルール	ルール番号
quiet（静かな）	①	qu	/kw/	1字つづりの子音	23
	②	i	/ɑi/	アルファベット読み	1
	③	e	/ə/	弱母音	86
	④	t	/t/	1字つづりの子音	11
floor（階）	⑤	fl	/fl/	子音混合音	64
	⑥	oor	/ɔːr/	r つきの母音	83

▶ ①　英語のつづり字のトリセツに「q の後には u が続く」というのがあります。ですので、qu で 1 ルールと換算します。実際、英語圏のフォニックスのテキストでもインデックスが qu になっているものが多くあります。ただしややこしいことに、qu とつづりながらもこの u の音は w（/w/）。question はクエスチョンではな

く「クゥエスチョン」、queenはクイーンではなく「クゥイーン」のように、必ず小さな「ゥ」が入るのです。唇を丸めて息を吐き出して「ゥ」。ロウソクを吹き消す口のかたちで練習をするとうまく言えるようになります。

▶⑥　oorには2通りの読み方があります。1つは（1）「ウァ r」（/uər/）、もう1つは（2）「オァ r」（/ɔːr/）です。ちなみに、poor（貧乏な）は（1）の代表選手ですが、他にはmoor（荒れ地）やboor（無作法者）などがあります。(2) も数は多くありませんがfloor（床）、door（ドア）など基本的な単語に出てくるつづり字です。

音声変化をマスターしよう！～ダイアローグからピックアップ～

音声をよく聞き、英文を声に出して言ってみましょう。

1 Would it be possible to switch rooms, please?
2 We couldn't sleep a wink.
3 I'll check for some available rooms right now.
4 I would be grateful if you could find us one on a quiet floor.
5 Could you tell me which room's guests were making the noise?

	ターゲット	フォニックスナビ	発音記号	変化のタイプ
1	would it be	d + i t + b	/d i/ /t b/	**連結** **脱落**
2	sleep a	p + a	/p ə/	**連結**
3	right now	t + n	/t n/	**脱落**
4	find us	d + u	/d ʌ/	**連結**
5	could you	d + y	/d j/	**同化**

1 まず、dとiがくっついて「ディ」に。tの後にbが続くとtの音が落ちるため、全体では「ウディィッビィ」になります。「ウリッビィ」と発音するネイティブもいます。
2 pとaがくっつき「スリーパ」に。
3 tとnが隣り合うと、tの音が落ち「ゥライィッナゥ」に。なお、先頭のゥはrを発音するときの口のかたちです。
4 dとuがくっついて「ファインダス」に。
5 dとyが隣り合うと音の変化が起き「クジュゥ」。d + y（/d j/）は /dʒ/ になります。

ディクテーション

仕上げとして、当ユニットの会話を聞き、書き取ってみましょう。

A:

B:

A:

B:

A:

B:

Tongue Twister　フォニックスと数字の早口言葉

Track 083

I eat **quite a few** fruits when they're in season.

(私は旬のときにたくさんの果物を食べる)

UNIT 22 | 各停はダメよ

Track 084

A: 空港へ向かう乗客　　B: 駅の係員

A: Excuse me. Do you know which platform the train to the airport is?

B: Let me see. Yes, it's just right over there. Platform 3.

A: Platform 3... thank you.

B: Ah, but you should make sure to get on the airport express that has only one stop. Otherwise, you'll end up stopping at every station.

A: Thanks for letting me know.

B: The express leaves in 5 minutes. I mean at 3:13, so I think you'd better hurry up!

- platform（プラットホーム）
- express（急行）
- otherwise（さもなければ）
- hurry up（急ぐ）

A: すみません。空港行きの電車は何番ホームかご存じですか？

B: ええと、はい、ちょうどあそこにありますね。3 番ホームです。

A: 3 番ホーム。ありがとうございます。

B: あ、空港行きの直通快速に乗ってくださいね。じゃないと、全駅に止まる羽目になってしまいますから。

A: 教えてくださり、ありがとうございます。

B: 快速は 5 分後に発車です。つまり 3 時 13 分発ですから、急いだほうがいいですよ！

フォニックスのルールと音を✔チェック！

単語		つづり字	発音記号	フォニックス・ルール	ルール番号
express (急行)	①	e	/i/	弱母音	87
	②	x	/ks/	1字つづりの子音	24
	③	pr	/pr/	子音混合音	66
	④	e	/e/	1字つづりの母音	3
	⑤	ss	/s/	1字つづりの子音 (2字1音)	13

▶① エクスプレスやエグゼクティブは、日本語として定着している言葉ですが、「エ」の箇所は英語では「イ」に近い音です。もう少しやさしい単語で例を挙げてみると、enjoy あたりでしょうか。レッツ・エンジョイはキャッチフレーズでも使われる定番フレーズではありますが、英語の音に忠実に従うとレッツ・インジョイ！です。

単語		つづり字	発音記号	フォニックス・ルール	ルール番号
otherwise (さもなければ)	①	o	/ʌ/	準ルール	99
	②	th	/ð/	2字つづりの子音	31
	③	er	/ər/	弱母音	88
	④	w	/w/	1字つづりの子音	25
	⑤	i	/ɑi/	サイレントE ※⑦と連動	37
	⑥	s	/z/	zと読むs	97
	⑦	e	-	読まない	-

▶② otherwise の th はフォニックスのルールでは声の TH と呼ばれ、舌先を軽く噛んで作る有声音です。日本語にはない調音法ですので、口のかたちを確認しながら、しっかりと練習を行いましょう。手鏡を使って練習をすると効果的です。ちなみに、中学生レベルの単語には声の TH を含む単語がいろいろと登場します。どれも基本的なものですが、発音はちょっとばかりややこしそうです。

声のTHを含む単語 （下線部分の音は /ð/ です）			
that	the	they	them
then	there	their	this

他にも than, with, these, those などがあります。これらの単語はアメリカの小学校低学年の教材にも出てきますが、子どもが初見で理解するのは大変かもしれません。実際、私の経験からも they や their などの単語を子どもたちに教えるのはなかなかの労力を要します。というのも、th から /ð/ の音を類推するのが難しいことに加え、例外的な読み方をする母音字がセットでついてくることが多いためです。こういった単語は、個々に覚えていくことが何より大切と言えるでしょう。

音声変化をマスターしよう！～ダイアローグからピックアップ～

音声をよく聞き、英文を声に出して言ってみましょう。

1 Do you know which platform the train to the airport is?
2 It's just right over there. Platform 3.
3 You'll end up stopping at every station.
4 The express leaves in 5 minutes.
5 I think you'd better hurry up!

	ターゲット	フォニックスナビ	発音記号	変化のタイプ
1	airport is	t + i	/t i/	**連結 有音のT**
2	platform	-	/plǽtfɔːrm/	**カタカナ**
3	end up	d + u	/d ʌ/	**連結**
4	express	-	/iksprés/	**カタカナ**
5	you'd better	d + b	/d b/	**脱落 有音のT**

1 t と i がくっつき「エアポーリーズ」に。T を有音化させない場合は「エアポーティーズ」です。

2 カタカナ発音に注意！ プラットホームではなく「プラッフォーム」。日本語では /f/

が /h/ にすり替わっています。下線部分に注意しましょう。

3 d と u がくっついて「エンダッ」に。

4 カタカナ発音に注意！　エクスプレスではなく「イクスプレス」です。「レ」に強いアクセントがあります。

5 d と b が隣り合うと、t の音が落ち「ユーッベラ」になります。T を有音化させない場合は「ユーッベタ」に。

Tongue Twister　フォニックスと数字の早口言葉

Track 085

This one is $4.20. Those ones are $12.15. That comes to $16.35 in all.

（これは 4 ドル 20 セント。あれらは 12 ドル 15 セント。全部合わせて 16 ドル 35 セント）

※ $4.20（four dollars twenty cents）
$12.15（twelve dollars fifteen cents）
$16.35（sixteen dollars thirty-five cents）

UNIT 23 | 妻への献身

Track 086

A: 宝石店の客　　B: 店員

A: I'm looking for a pair of earrings for my wife. Could you recommend something?

B: Certainly. May I ask what kind of colors and designs she's fond of?

A: She likes something plain and chic, I suppose.

B: How about these? They're new arrivals and the lovely little pearls around them are absolutely charming.

A: They look perfect. I'm sure she'll love them.

B: Not only a high-quality design, but also wearable throughout the seasons.

- Certainly.（かしこまりました、確かに）
- plain（シンプルな）
- chic（シックな）
- absolutely（本当に）
- wearable（着用に適した）

A: 妻のためにイヤリングを探しています。何かお薦めいただけますか？

B: かしこまりました。ちなみに、奥様はどんなお色、どんなデザインがお好きでしょうか？

A: 彼女はシンプルでシックな感じが好きだと思います。

B: こちらはいかがでしょうか？　新作で、小さなかわいいパールがついていて、とてもチャーミングだと思います。

A: 完璧ですね。きっと彼女も気に入ると思います。

B: デザインの質が高いだけではなく、どんな季節にも身につけていただけます。

フォニックスのルールと音を✔チェック！

単語		つづり字	発音記号	フォニックス・ルール	ルール番号
certainly（かしこまりました）	①	c	/s/	1字つづりの子音	13
	②	er	/əːr/	rつきの母音	79
	③	t	/t/	1字つづりの子音	11
	④	ai	/ə/	弱母音	86
	⑤	n	/n/	1字つづりの子音	20
	⑥	ly	/li/	語尾のly	95

▶⑥　ルール95に語尾のlyとllyがありますが、この2つは副詞を作るために必要な接尾辞です。そこで素朴な疑問ですが…lyとllyの使い分けの法則はあるのでしょうか？　答えはイエスです。niceを副詞にするとnicely、totalを副詞をするとtotally。つまり、lで終わっている形容詞は必然的にllyになるというわけです（よって、法則というよりは自然発生的な原理によるものですね）。以下の表に、llyで終わる副詞をまとめました。

形容詞	副詞	形容詞	副詞
1）actual	actually（実は）	7）real	really（本当に）
2）awful	awfully（ひどく）	8）successful	successfully（うまく）
3）especial	especially（とりわけ）	9）thankful	thankfully（ありがたいことに）
4）final	finally（ついに）	10）traditional	traditionally（伝統的に）
5）general	generally（一般的に）	11）typical	typically（典型的に）
6）normal	normally（普通は）	12）usual	usually（たいてい）

左が形容詞で右が副詞です。earlyやfastのように形容詞と副詞が同型のものもあります。なお、3）のespecialは、現在では類義語のspecialのほうが多く使われ

る傾向にあります。こちらを副詞にすると specially ですね。

単語		つづり字	発音記号	フォニックス・ルール	ルール番号
pearl （パール） ※本文では複数形です。	①	p	/p/	1字つづりの子音	7
	②	ear	/əːr/	rつきの母音	79
	③	l	/l/	1字つづりの子音	21

▶② pearl の母音は「ア r」（/əːr/）ですが、舌先を少し上へ向けたまま、口をあまり開けずに強く「ア」と言います。そうすると「ア」のような「ウ」のような動物のうなり声にも似た低い音ができます。実は、ear はフォニックス泣かせのつづり字なんです。次の 4 つの単語の母音字はどれも ear でありながら、読み方が異なるのです。

単語	意味	母音の 発音記号	母音の 読み方
ear	耳	/ɪər/	イァ r
bear	クマ	/eər/	エァ r
heart	心	/ɑːr/	アー r
pearl	真珠	/əːr/	ア r

音声変化をマスターしよう！～ダイアローグからピックアップ～

音声をよく聞き、英文を声に出して言ってみましょう。

1 I'm looking for a pair of earrings for my wife.
2 May I ask what kind of colors and designs she's fond of?
3 She likes something plain and chic.
4 The lovely little pearls around them are absolutely charming.
5 They look perfect.

	ターゲット	フォニックスナビ	発音記号	変化のタイプ
1	pair of	air + o	/eər ə/	**連結**
2	fond of	d + o	/d ə/	**連結**
3	chic	-	/ʃi:k/	**カタカナ**
4	around them	d + th	/d ð/	**脱落**
5	look perfect	k + p	/k p/	**脱落**

1 air と o がくっついて「ペェアロヴ」に。

2 d と o がくっいて「フォンドヴ」になります。

3 カタカナ発音に注意！　シックではなく「シーク」。なお、母音を短く言ってしまうと sick（病気の）と勘違いされてしまう可能性も否めないので、気をつけましょう。

4 d と th が隣り合うと、d の音が落ち「アラウンッゼム」に。この th は声の TH です。

5 k と p が隣り合うと、k の音が落ち「ルッパーフェクッ」に。

ディクテーション

仕上げとして、当ユニットの会話を聞き、書き取ってみましょう。

A:
B:
A:
B:
A:
B:

Tongue Twister　フォニックスと数字の早口言葉

Track 087

Actually, the arrival time is 7:39.

（実は、到着時刻は 7 時 39 分です）

※ 7:39（seven thirty-nine）

UNIT 24 | 息子の努力

Track 088

A: スミス先生　B: ジョーの母親

A: Your son's Japanese communication skills have been improving steadily.

B: I'm glad to hear that Joe is doing well.

A: Throughout his efforts, he's shown a great deal of confidence.

B: Thank you, Mr. Smith. I was a complete stranger in Japan. I almost gave up searching for a school for Joe.

A: I remember the very first day...

B: Joe told me crying that he completely felt like a fish out of water. But I also wanted to swim back to Boston if I could.

- steadily（着実に）
- confidence（自信）
- stranger（よそ者）
- feel like a fish out of water（場違いに感じる）　※直訳すると「水揚げされたばかりの魚のような感じがする」。

A: 息子さんの日本語コミュニケーション力が着実に上達しています。

B: ジョーがうまくやっていると聞いて嬉しいです。

A: 努力の成果のおかげで、すばらしい自信を見せていますよ。

B: スミス先生、ありがとうございます。日本では私は完全によそ者でした。ジョーのための学校探しもあやうくあきらめてしまうところでした。

A: 初日のことを覚えていますよ…。

B: ジョーは、ここは僕のいる場所じゃないと泣きじゃくっていましたね。でも私も、できることならボストンまで泳いで戻りたいと思っていたんです。

単語		つづり字	発音記号	フォニックス・ルール	ルール番号
son（息子）	①	s	/s/	1字つづりの子音	13
	②	o	/ʌ/	準ルール	99
	③	n	/n/	1字つづりの子音	20

▶② ソンなのかサンなのか、何かと紛らわしいのがson（息子）とsun（太陽）です。結論を言ってしまうと、ずばりどちらも「サン」、同じ読み方をします。要はoが大変紛らわしいつづり字なのです。sonのoの音は/ʌ/でして、cupやbutのuにあたります。

なお、sonとsunのような同音異義語は英単語には実に多くあります。

同音異義語（音が同じで意味が異なる）	
cent （セント）※通貨単位	scent （香り）
flower （花）	flour （小麦粉）
hire （雇う）	higher（highの比較級）
gorilla（ゴリラ）	guerrilla（ゲリラ兵）
son （息子）	sun （太陽）
write （書く）	right （右）

「英語学習の楽しさは音にある」とフォニックスの研究を通して私は確信しています。同音異義語の音読はいたってシンプルな学習法ですが、声に出してみると本当に楽しく、心がワクワクしてきます。

単語		つづり字	発音記号	フォニックス・ルール	ルール番号
fish（魚）	①	f	/f/	1字つづりの子音	15
	②	i	/ɪ/	1字つづりの母音	4
	③	sh	/ʃ/	2字つづりの子音	28

▶①②③ fishなんて簡単簡単と思われるかもしれませんが、フォニックス業界

（?）では有名人。実は、英語のつづり字の不規則性を証明する際に、必ずと言っていいほど取り上げられるのが「魚」なのです。では、次の単語をご覧ください。

ghoti

「ゴティ」って何？？と思われたかもしれませんが、この読み方は紛れもなく“fish”。gh は laugh の /f/、o は women の /ɪ/、ti は station の /ʃ/。そして、3つの音をつなげると /fɪʃ/ に。

fish = “ghoti”					
	fish	ルール番号	発音記号	ghoti	ルール番号
①	f	15	/f/	gh	33
②	i	4	/ɪ/	o	100
③	sh	28	/ʃ/	ti	97

“ghoti” は、英語のつづり字の複雑さを面白おかしく表した語です。試験解答欄に ghoti と書いても点数はもらえませんが、知識としてぜひとも覚えておきましょう！

音声変化をマスターしよう！～ダイアローグからピックアップ～

音声をよく聞き、英文を声に出して言ってみましょう。

1 I'm glad to hear that Joe is doing well.
2 He's shown a great deal of confidence.
3 I was a complete stranger in Japan.
4 I almost gave up searching for a school for Joe.
5 Joe told me crying that he completely felt like a fish out of water.

	ターゲット	フォニックスナビ	発音記号	変化のタイプ
1	glad to	d + t	/d t/	**脱落**
2	shown a	n + a	/n ə/	**連結**

3	stranger	-	/stréinʒər/	**カタカナ**
4	gave up	v + u	/v ʌ/	**連結**
5	out of	t + o	/t ə/	**連結** **有音のT**

1 dとtが隣り合うと、dの音が落ち「グラットゥ」に。

2 nとaがくっついて「ショウンナ」に。

3 カタカナ発音に注意！　ストレンジャーではなく「スチョレィンジャー」です。aはアルファベット読みをします。

4 vとuがくっつき「ゲィヴァッ」に。

5 tとoがくっつき「アゥロヴ」に。ただし、Tを有音化させない場合は「アゥトヴ」です。

ディクテーション

仕上げとして、当ユニットの会話を聞き、書き取ってみましょう。

A:

B:

A:

B:

A:

B:

Tongue Twister　フォニックスと数字の早口言葉

Track 089

I write the 24th alphabet letter with my right hand.

（私は右手を使って、24番目のアルファベット文字を書く）

※24th（twenty-fourth）

UNIT 25 | オンライン講師

Track 090

A: ケンの友人　　B: ケン

A: What a coincidence seeing you here! How have you been doing, Ken?

B: I'm doing OK. I started a new career as an online English tutor.

A: You did? I'm teaching, too!

B: Isn't it a rewarding job? I do feel a strong sense of commitment.

A: I'm happy that my knowledge as a native speaker is beneficial to my students.

B: Hey, do you have time? Maybe we can talk about the "Future of Education" over a coffee?

- coincidence（偶然）
- career（キャリア）
- tutor（講師）
- rewarding（やりがいのある）
- knowledge（知識）
- beneficial（有益な）

A: ここで会えるなんて偶然ね！　ケン、元気にしてた？

B: 元気だよ。英語のオンライン教師として新しい仕事を始めたんだ。

A: そうなの？　私もなのよ！

B: やりがいのある仕事だと思わない？　コミットしていると強く感じるよ。

A: ネイティブスピーカーとしての知識が、生徒のニーズに貢献できているのが嬉しいわ。

B: ねえ、時間ある？　コーヒーでも飲みながら「教育の未来」について語り合おうじゃないか。

フォニックスのルールと音を✔チェック！

単語		つづり字	発音記号	フォニックス・ルール	ルール番号
career（キャリア）	①	c	/k/	1字つづりの子音	9
	②	a	/ə/	弱母音	86
	③	r	/r/	1字つづりの子音	22
	④	eer	/iər/	rつきの母音	80

▶④ 通常、語尾の eer には強いアクセントがつきますので、career は下線部分を強く読みます。以前、英語のクラスで career を含む英文を聴いていただいたことがあるのですが、"韓国という単語が聞こえるんですけど…" とおっしゃる生徒さんがいたんですね。それもそのはず、career と Korea の音は酷似しているのです。

	career	発音記号	Korea	発音記号
1)	c	/k/	k	/k/
2)	a	/ə/	o	/ə/
3)	r	/r/	r	/r/
4)	eer	/iər/	e	/iː/
5)			a	/ə/

強母音（赤い箇所）の要素はまったく異なるのですが、Korea の 4) と 5) を足すと career の 4) に似ていませんか？ つまり、Korea の 4) と 5) が生徒さんの耳を惑わせたというわけです。試しにオンライン辞書などで音声を聞き比べてみてください。本当によく似ています。発音のコツとしては、Korea は e に強いアクセントをつけて最後に小さな「ァ」を添えること、career は語尾の eer をとにかく強く言うことです。

単語		つづり字	発音記号	フォニックス・ルール	ルール番号
rewarding（やりがいのある）	①	r	/r/	1字つづりの子音	22
	②	e	/i/	弱母音	87
	③	war	/wɔːr/	準ルール	99
	④	d	/d/	1字つづりの子音	12
	⑤	i	/i/	弱母音	87
	⑥	ng	/ŋ/	2字つづりの子音	35

▶③ rewardingは「やりがいのある」という意味の形容詞ですが、フォニックスのポイントはwarの部分。「戦争」はwarとつづりますが、「ワー」と読んでしまったことはありませんか。実際、文字通りに読めばその通りなのですが、wの隣にarが来るとマジックが起こり「オーr」になってしまうのです。この「オーr」はport（港）やnorth（北）の下線部分の音で、発音記号では/ɔːr/と表します。ですので、warは「ウォーr」（/wɔːr/）なのです。さて、このルールを当てはめてrewardingを見てみると、リワーディンではなく…もうおわかりですね、「リウォーディン」です。

音声変化をマスターしよう！～ダイアローグからピックアップ～

音声をよく聞き、英文を声に出して言ってみましょう。

1 I started a new career as an online English tutor.
2 Isn't it a rewarding job?
3 I do feel a strong sense of commitment.
4 My knowledge as a native speaker is beneficial.
5 We can talk about the "Future of Education" over a coffee.

	ターゲット	フォニックスナビ	発音記号	変化のタイプ
1	career	-	/kəríər/	**カタカナ**
2	it a	t + a	/t ə/	**連結 有音のT**
3	sense of	s + o	/s ə/	**連結**

4	as a	s + a	/z ə/	**連結**
5	talk about	k + a	/k ə/	**連結**

1 カタカナ発音に注意！　キャリアではなく「カリァ」です。「リ」に強いアクセントが来ます。

2 t と a がくっつき、さらに t が有音化し「イラ」に。なお、T を有音化させない場合は「イタ」です。

3 s と o がくっつき「センソヴ」に。

4 s と a がくっつき「アザ」。この s は /z/ ですね。

5 k と a がくっつき「トーカバゥ」に。なお、talk の l は黙字です。

ディクテーション

仕上げとして、当ユニットの会話を聞き、書き取ってみましょう。

A:

B:

A:

B:

A:

B:

Tongue Twister　フォニックスと数字の早口言葉

Track 091

Carrie met a 32-year-old career coach in Korea.

（キャリーは韓国で32歳のキャリアコーチに出会った）

フォニックス・クイズ | UNIT 17 ▶ 25

間違ったつづり字は音の誤変換によるものです。そこで、「和訳」と「間違ったつづり字」を線で結び、「正しいつづり字」に直していきましょう。

クイズ 1

和訳	間違ったつづり字	正しいつづり字
① 部屋・	・sun	[ ]
② ボーナス・	・purl	[ ]
③ 息子・	・bageige	[ ]
④ 思いがけない幸運・	・korea	[ ]
⑤ 旅行用の荷物・	・windphawl	[ ]
⑥ 万が一の場合・	・roum	[ ]
⑦ キャリア・	・bownuss	[ ]
⑧ ホテル・	・houtell	[ ]
⑨ パール・	・rayni dei	[ ]

答え

クイズ 1

① 部屋	roum	→	[room]
② ボーナス	bownuss	→	[bonus]
③ 息子	sun	→	[son]
④ 思いがけない幸運	windphawl	→	[windfall]
⑤ 旅行用の荷物	bageige	→	[baggage]
⑥ 万が一の場合	rayni dei	→	[rainy day]
⑦ キャリア	korea	→	[career]
⑧ ホテル	houtell	→	[hotel]
⑨ パール	purl	→	[pearl]

クイズ 2

和訳		間違ったつづり字	正しいつづり字
① 欲望・		・bizines	[ ]
② 魚・		・othurwaiz	[ ]
③ ビジネス・		・eevil	[ ]
④ さもなければ・		・kwiet flore	[ ]
⑤ 急行・		・cirtenli	[ ]
⑥ やりがいのある・		・dizaire	[ ]
⑦ 邪悪な・		・ikspresе	[ ]
⑧ かしこまりました・		・ghoti	[ ]
⑨ 静かな階・		・rewordin	[ ]

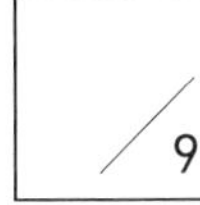

答え

クイズ 2

① 欲望	dizaire	→	[desire]
② 魚	ghoti	→	[fish]
③ ビジネス	bizines	→	[business]
④ さもなければ	othurwaiz	→	[otherwise]
⑤ 急行	ikspresе	→	[express]
⑥ やりがいのある	rewordin	→	[rewarding]
⑦ 邪悪な	eevil	→	[evil]
⑧ かしこまりました	cirtenli	→	[certainly]
⑨ 静かな階	kwiet flore	→	[quiet floor]

UNIT 17▶25 のまとめ

	タイトル	学んだこと1	学んだこと2	学んだこと 3
UNIT 17	ゲーム・オブ・チャンス	**business** 語中にも読まないつづり字が現れる。	**windfall** 複合語は2つの単語が連なり新しい意味を作る。その場合、最初の語のほうを強く読む。	
UNIT 18	ゴールドの指輪	**bonus** 英語では二重母音の「オゥ」であるべきものが、日本語では長母音の「オー」になってしまうことがある。	**rainy day** 語頭の韻律をアリタレーション、語尾の韻律をライミングと言う。	
UNIT 19	邪心	**desire** 複数の母音で構成される **ire** や **ower** は、出だしを最も強く発声するとよい。	**evil** 母音字はさまざまな条件下でアルファベット読みになったりフォニックス読みになったりする。（なお、どちらにも属さずに新しい音となることもある）	
UNIT 20	融通の問題	**baggage** **g** にはかたい **G** とやわらかい **G** がある。	**hotel** **t** の直前に強いアクセントがあるとき、**t** は **l** と似た音に変調することがある。	

	タイトル	学んだこと1	学んだこと2	学んだこと 3
UNIT 21	うるさい隣室	**room** **oo** には短い **OO** と長い **OO** がある。	**quiet** 英語のつづり字のルールでは、**q** の後に **u** が続く。	**floor** **oor** には 2 通りの読み方がある。1 つは「ウァ r」、もう1つは「オァ r」。
UNIT 22	各停はダメよ	**express** 英語では「イ」であるべき音が、カタカナ英語では「エ」になっていることがある。	**otherwise** 声の **TH** を含む単語は、読み方が類推しにくい母音字とセットになっていることがある。	
UNIT 23	妻への献身	**certainly** **l** で終わる形容詞の副詞の語尾は **lly** である。	**pearl** **ear** には4つの読み方がある。	
UNIT 24	息子の努力	**son** **o** は /ʌ/ になることがある。	**fish** **ghoti** は「魚」である。	
UNIT 25	オンライン講師	**career** **career** と **Korea** は似て非なる単語である（しかしながら、音は酷似している）。	**rewarding** **war** のつづり字のとき、**ar** はオー r の読み方になることが多い。	

CHAPTER

3

文章を音読する

スーパーのアナウンスや講演スピーチなど、文章はさまざまな文脈の中で読まれます。時にはアナウンサー、時にはブロガーになったつもりで、物語の背景を意識することが大切です。棒読みにならないよう、緩急をつけて読む練習をしましょう。

UNIT 26 | グルメ旅

Track 092

▶ 人物　旅行系ユーチューバー

▶ スタイル　ボイスメッセージ　▶ フォーマル度　★☆☆

初めてのアジア旅にワクワクしている男性が、東京に暮らす友人にメッセージを残しています。

Hi, Alice. I can't wait to visit Singapore next week. I'm not really much of a foodie, as you know, but the local food is one of the things I'm truly looking forward to the most. Since I'm flying there via Moscow, it'll take me about 17 hours to Changi Airport. I hope I'm not too exhausted after the long flight. I'll try to get some sleep and check your recommendations while I'm awake on the plane. I'll see you in Tokyo in about twenty days' time. It's going to be a long journey, so wish me luck!

- foodie（食通、グルメ）
- look forward to（～を楽しみに待つ）
- via（～経由で）　※発音は「ヴィァ」。
- exhausted（疲弊した）
- recommendation（お勧め）
- awake（目が覚めて）

やあ、アリス。来週シンガポールを訪ねるのが待ちきれないよ。僕は知っての通り、それほど食通じゃないけど、現地の食べ物は一番楽しみにしているんだ。モスクワ経由で飛ぶので、チャンギ空港へは17時間ぐらいかかるかな。長距離フライトの後、疲れきっていないことを願うよ。機内では睡眠を取るか、起きている間に君のお勧めをチェックすることにする。20日後ぐらいに東京で会おう。長旅になる予定だから、僕のために幸運を祈っておくれ。

フォニックスのルールと音を✔チェック！

単語		つづり字	発音記号	フォニックス・ルール	ルール番号
exhausted（疲弊した）	①	e	/i/	弱母音	87
	②	x	/gz/	準ルール	99
	③	h	-	読まない	-
	④	au	/ɔː/	母音ペア②	50
	⑤	s	/s/	1字つづりの子音	13
	⑥	t	/t/	1字つづりの子音	11
	⑦	e	/i/	弱母音	87
	⑧	d	/d/	1字つづりの子音	12

▶② xは1字2音です。規則的な読み方は「クス」(/ks/) ですが、exhaustedのように「グズ」(/gz/) になる場合もあります。他にはexamやexactなどが挙げられますが、xの直後の母音に強いアクセントがあるときに/gz/になります。なお、exhaustedのhは黙字ですので読み飛ばしましょう。そうするとauがちゃんとxの直後の母音字として収まりますね。

つづり字	発音記号	カナ	ルール	単語	
x	/gs/	グズ	直後の母音字に強勢があるとき	exactly（正確に）	exotic（異国風の）
	/ks/	クス	直前の母音字に強勢があるとき	extra（余分の）	expert（熟達した）

なお、X-ray（レントゲン）は上記のどちらにも当てはまらず、xのアルファベット読みをします。

単語		つづり字	発音記号	フォニックス・ルール	ルール番号
jo̍urney（旅行）	①	j	/dʒ/	1字つづりの子音	18
	②	our	/əːr/	例外	100
	③	n	/n/	1字つづりの子音	20
	④	ey	/i/	弱母音	87

▶②④　journey の our は例外のつづり字で、serve や term の下線部分と同じ音です。他には journal があります。/əːr/ は口をあまり開けずに「ア」と言うと、「ゥ」の音色を備えたくぐもった音に。なお、ey は「ィ」（/i/）と発音します。honey（ハチミツ）や money（お金）、donkey（ロバ）のように単語の終わりに現れることが多いのですが、語尾では少しだけ音が伸びる傾向があります。

音声変化をマスターしよう！～ストーリーからピックアップ～

音声をよく聞き、英文を声に出して言ってみましょう。

1 I'm not really much of a foodie.
2 The local food is one of the things I'm truly looking forward to the most.
3 I'm flying there via Moscow.
4 It'll take me about 17 hours to Changi Airport.
5 I'll try to get some sleep.

	ターゲット	フォニックスナビ	発音記号	変化のタイプ
1	much of a	ch + o f + a	/tʃ ə/ /v ə/	**連結**
2	forward to	d + t	/d t/	**脱落**
3	Moscow	-	/máskou/	**カタカナ**
4	seventeen hours	n + our	/n auər/	**連結**
5	get some	t + s	/t s/	**脱落**

1　ch と o、f と a がそれぞれくっついて全体では「マッチョヴァ」に。

2　d と t が隣り合うと、d の音が落ち「フォーワットッ」に。

3　カタカナ発音に注意！　モスクワではなく「マスコゥ」。この ow は母音ペア①のつづり字ですが、ネイティブによっては母音ペア②の「アゥ」（/au/）で読む人もいます。

4 n と our がくっついて「セヴンティーンナゥワーズ」に。hour の h は黙字ですので、n と our が連結しています。なお、本文では数字の箇所は 17 で表記されています。

5 t と s が隣り合うと、t の音が落ち「ゲッサム」。

ディクテーション

仕上げとして、当ユニットのストーリーを聞き、書き取ってみましょう。

Tongue Twister　フォニックスと数字の早口言葉

Track 093

The exact fares were €999, not €998.

（正確な運賃は 999 ユーロで、998 ユーロではありません）

※€ 999（nine hundred ninety-nine euro）

€ 998（nine hundred ninety-eight euro）

UNIT 27 | フォトジェニック犬

Track 094

▶ 人物　子犬を見つけた高校生

▶ スタイル　日記　▶ フォーマル度　★☆☆

高校生が自分に向けて書いた日記。家族の一員となった子犬のローバーについて、出会いから現在に至るまでを振り返っています。

Let me talk about my sweet dog, Rover. I found him shivering in the cold on a winter night. On the spur of the moment, I took him back home with me. Even though he was a feral dog, he is now well-trained and understands some of my commands. Also, Rover is truly photogenic. Can you believe he strikes a pose when he notices a photo being taken? He can even stand on his hind legs and walk like a person and does back-flips when he's excited. Thank you for becoming our new family member, Rover. We're so happy to have you.

- shiver（[寒さで] 震える）
- spur（刺激、動機）　※ on the spur of the moment は「衝動的に」。
- feral（野良の）
- well-trained（よく訓練された）
- command（命令）
- strike a pose（ポーズを取る）
- hind（後ろの）
- back-flips（バク転）

私のかわいい犬、ローバーについてお話しさせてね。ある冷えた冬の夜、寒さで震えている彼を見つけたの。とっさに私は彼をお家へ連れて帰ったわ。野良犬のワンちゃんだったけど、とてもよく訓練されて、合図もすぐ理解できるのよ。そして、ローバーはまさにフォトジェニック。だって、写真が撮られているとわかるや否やポーズを決めるなんて信じられる？　ワクワクしているときは、まるで人間みたいに後ろ足で立つことができて、バク転をするの。新しい家族になってくれてありがとう、ローバー。私たちみんな、一緒にいられて幸せだよ。

フォニックスのルールと音を✔チェック！

単語		つづり字	発音記号	フォニックス・ルール	ルール番号
sweet（かわいい）	①	s	/s/	1字つづりの子音	13
	②	w	/w/	1字つづりの子音	25
	③	ee	/iː/	母音ペア①	43
	④	t	/t/	1字つづりの子音	11

▶②③　カタカナ英語の「スイート」は「イー」のように口の端を引いた状態で発音しますが、これでは英語の発音の仕方とはかけ離れてしまっています。sweetのwは「ゥ」の口、つまり丸めた状態で音を作ります。試しにsの後、ひょっとこのように口をとがらせてsweetと言ってみてください。どうでしょう、「スウィ」となりましたよね。同様にsweaterはセーター、sweatはスエット、swimmingはスイミングのように、ことごとく「ゥ」の音が欠損しています。これらの英単語は「スウェタァ」「スウェット」「スウィミン」のように100パーセントの確率で「ウ」が入ります。これこそが英語らしい響きの決め手になります。なお、「ゥ」がちゃんと言えているかどうかの確認は、手のひらを口の前にかざしてwと言ったときに息が吹きかかればOKです。なお、①②で子音混合音（ルール番号59）と見ることもできます。

単語		つづり字	発音記号	フォニックス・ルール	ルール番号
hind（後ろの）	①	h	/h/	1字つづりの子音	17
	②	i	/ɑi/	アルファベット読み	1
	③	n	/n/	1字つづりの子音	20
	④	d	/d/	1字つづりの子音	12

▶②③④　フォニックスの大原則として、母音字が単語の中に1つだけのとき、その文字はフォニックス読みになります。petは「エ」、mapは「ア」といったように。ところがhindのiはどうかと言いますと、このiはアルファベット読みになるのです。ただし、完全なる例外というわけではなく、つづり字の組み合わせによる法則があります。

つづり字	発音記号	母音字のルール	単語		
-ild	/aild/	i のアルファベット読み	child（子ども）	mild（［味が］まろやかな）	wild（野生の）
-ind	/aind/		kind（親切な）	grind（［穀物を］挽く）	remind（思い出させる）
-old	/ould/	o のアルファベット読み	gold（金色）	fold（折る）	hold（持つ）
-ost	/oust/		host（主催者）	most（最も）	post（郵送する）

特に、o のアルファベット読みは要注意です。カタカナ英語ではゴールド、ホールドのように母音が伸びますが、英語では二重母音の「オゥ」です。ということで、hind の読み方は…「ハインド」ですね！　②③④で1つのフォニックス・ルールだったというわけです。

音声変化をマスターしよう！～ストーリーからピックアップ～

音声をよく聞き、英文を声に出して言ってみましょう。

1 I found him shivering in the cold on a winter night.
2 On the spur of the moment, I took him back home with me.
3 Rover is truly photogenic.
4 Can you believe he strikes a pose?
5 He can even stand on his hind legs.

	ターゲット	フォニックスナビ	発音記号	変化のタイプ
1	on a	n + a	/n ə/	**連結**
2	spur of	ur + o	/əːr ə/	**連結**
3	photogenic	-	/fòutədʒénik/	**カタカナ** **有音のT**
4	pose	-	/pouz/	**カタカナ**
5	stand on	d + o	/d ɑ/	**連結**

1 nとaがくっついて「オンナ」に。音の変化をイメトレするにあたり、「女」の漢字はいかがでしょうか。

2 urとoがくっついて「スパーロヴ」に。urは「ア」と「ウ」の中間の音です。口をあまり開けずに言ってみましょう。

3 カタカナ発音に注意！　フォトジェニックではなく「フォゥロジェニック」。下線部分は二重母音（/ou/）。なお、Tを有音化させない場合は「フォゥトジェニック」です。

4 カタカナ発音に注意！　ポーズではなく「ポゥズ」。日本語では長音ですが、英語では二重母音です。サイレントEのルールに則った単語です。

5 dとoがくっついて「スタンドン」に。

ディクテーション

仕上げとして、当ユニットのストーリーを聞き、書き取ってみましょう。

Tongue Twister　フォニックスと数字の早口言葉

Track 095

The kind child holds two kilos of grocery bags for the old lady.

（その親切な子どもは、2キロの食料品の入った袋を老婦人のために持つ）

UNIT 28 | ジャンプ！　ダイブ！

Track 096

▶ 人物　大学院を卒業した留学生

▶ スタイル　モノローグ　▶ フォーマル度　★☆☆

ニューヨークへ来た頃は英語が話せなかったという日本人が、当時のことを回想しています。留学を目指す人へ向けた応援メッセージです。

I clearly remember the very first day when I landed in New York. I was supposed to meet my American roommate, Rick. While waiting for him at the airport, I was so nervous that I had an acute pain in my stomach. "Oh, no, I can't speak English. What if I make him disappointed? I'll be a mess..." Those thoughts were running through my head and made me feel even more nervous. I had to gather up my courage. Looking at Rick getting out of his car, I made up my mind. "I came to New York with very little English skills, so there's nothing to be afraid of." Time has passed, and I'm returning to Japan with an MBA degree. I recall the first day and I'm proud of having been brave.

- land in（～に着陸する、降り立つ）
- acute（急性の）
- gather up one's courage（勇気を奮い立たせる）
- degree（学位）

ニューヨークの地に初めて降り立ったときのことを、今でもはっきりと覚えている。僕はアメリカ人の友人リックと会う予定だった。空港で彼を待っている間、緊張のあまり突然の腹痛に見舞われた。「あー、どうしよう、英語が話せないよ。彼をがっかりさせちゃったらどうしよう。困ったことになるな…」こんな考えが頭の中でぐるぐる回り、より一層気持ちが張り詰めていった。でも勇気をかき集めなきゃ。リックが車を降りるのを見て、僕は決心した。「英語のスキルがほぼない状態でニューヨークへやってきた。恐れるものなんて何もないじゃないか」。それから時は経ち、MBA の学位と共に日本へ帰国する。初めてここにやってきた日のことを思い出す。勇気を持った自分をほめてあげたい。

フォニックスのルールと音を✔チェック！

単語		つづり字	発音記号	フォニックス・ルール	ルール番号
stomach（おなか）	①	st	/st/	子音混合音	53
	②	o	/ʌ/	準ルール	99
	③	m	/m/	1字つづりの子音	19
	④	a	/ə/	弱母音	86
	⑤	ch	/k/	準ルール	99

▶⑤　2字つづりの子音のchはchanceに代表されるように「チ」（/tʃ/）が規則的な読み方ですが、stomachの「ク」（/k/）になることもしばしば。chemist（科学者）やChristmasなどの下線箇所がそれにあたります。なお、chにはもう1つ重要な音がありまして、それは「シュ」（/ʃ/）です。machineやchandelierなどの単語に現れるつづり字です。では、ここでchの3つの読み方をまとめておきますね。

chance（チャンス）		chemist（科学者）		machine（機械）	
ch	/tʃ/	ch	/k/	m	/m/
a	/æ/	e	/e/	a	/æ/
n	/n/	m	/m/	ch	/ʃ/
c	/s/	i	/i/	i	/iː/
e	-	st	/st/	n	/n/
				e	-

一見複雑そうに見えるchではありますが、チェミスト、マキーンとはなりませんので、誤変換のないよう！

単語		つづり字	発音記号	フォニックス・ルール	ルール番号
courage（勇気）	①	c	/k/	1字つづりの子音	9
	②	ou	/ʌ/	準ルール	99
	③	r	/r/	1字つづりの子音	22
	④	age	/idʒ/	接尾辞のage	98

▶① courageのcはかたいCです。これは破裂音と言い、強いエネルギーを持った音で、喉の奥から「クッ」と強く言います。ですので、courageの出だしには強さが必要です。UNIT 28の文の中で、かたいCを語頭に持つ単語にはclearly, can't, courage, car, cameなどがあります。clearlyのclは子音混合音なので、発声のエネルギーは1と折半するかたちになりますが、その他は力強く「クッ」と言いましょう。また、cにはやわらかいCもあり、1字つづりの子音sと同じ音です。

音声変化をマスターしよう！～ストーリーからピックアップ～

音声をよく聞き、英文を声に出して言ってみましょう。

1 I was supposed to meet my American roommate.
2 I had an acute pain in my stomach.
3 What if I make him disappointed?
4 Time has passed.
5 I'm proud of having been brave.

	ターゲット	フォニックスナビ	発音記号	変化のタイプ
1	meet my	t + m	/t m/	**脱落**
2	an acute	n + a	/n ə/	**連結**
3	what if	t + i	/t i/	**連結** **有音のT**
4	has	-	/(h)əz/	**弱形**
5	proud of	d + o	/d ə/	**連結**

1 tとmが隣り合うと、tの音が落ち「ミーッマィ」に。

2 nとaがくっついて「アナキューッ」になります。

3 tとiがくっついて「ワリフ」。whatのTを有音化させない場合は「ワティフ」になります。

4 現在完了形のhasは文中では弱くなり、hが落ちて「ァズ」または「ズ」だけになることもあります。

5 dとoがくっついて「プラゥドヴ」に。

ディクテーション

仕上げとして、当ユニットのストーリーを聞き、書き取ってみましょう。

Tongue Twister　フォニックスと数字の早口言葉

Track 097

If you count 1597951 backward, it's the same.

(1597951を後ろから数えても、同じだよ)

※ 1597951 (one five nine seven nine five one)

UNIT 29 ｜ ちょっとホラーな話

Track 098

▶ 人物　「私」

▶ スタイル　短編ストーリー　▶ フォーマル度　★★☆

カフカの『変身』を思わせるようなオープニング（虫ではありませんが！）。全体的にミステリアスな雰囲気が漂っています。

I had a strange dream last night. I was talking to someone whom I'd never met before but she knew everything about me. For instance, she knew where I was born and which school I went to. I was really frightened when she started talking about my favorite type of coffee. Then, I noticed. It was ME reflected in the mirror. I was talking to myself! I suddenly woke up. I went straight to the bathroom and looked at my face in the mirror. She didn't say anything. It was just a typical morning that began normally. I was relieved and went back to bed to sleep again.

- for instance（例えば）
- frightened（怯えた、怖がった）
- reflect（反射する）
- typical（典型的な）
- normally（普通に、いつもと同じく）

昨晩、変な夢を見た。面識のない人と話しているのだが、彼女は私のことをすべて知っている。例えば、彼女は私がどこで生まれ、どの学校へ行ったのかをすっかり把握していた。彼女が私のコーヒーの好みについて語り始めたときは身の毛がよだった。それから、気づいた。その人は鏡に映る「私」だった。私は自分と話をしていたのだ！　突然目が覚め、洗面所へまっすぐ向かい、鏡で自分の顔を覗いてみた。彼女は何も言わない。それはよくあるいつもの朝の始まりだった。私はほっとして、もう一度寝ようとベッドに戻った。

フォニックスのルールと音を✓チェック！

単語		つづり字	発音記号	フォニックス・ルール	ルール番号
strange（奇妙な）	①	str	/str/	子音混合音	75
	②	a	/ei/	アルファベット読み	1
	③	n	/n/	1字つづりの子音	20
	④	g	/dʒ/	1字つづりの子音	18
	⑤	e	-	読まない	-
dream（夢）	⑥	dr	/dr/	子音混合音	71
	⑦	ea	/iː/	母音ペア①	43
	⑧	m	/m/	1字つづりの子音	19

▶①⑥　str と dr の競演はフォニックスにとって、とてもありがたい機会です。というのも、この2つは発音記号と実際の音とのあいだに隔たりがあるのを証明できる貴重なつづり字だからです。木はツリーなのか、本当にそれで通じるのか、夢はドリームなのか、これで通じるのか…疑問に思ったことはないでしょうか。発音記号を見れば、複雑な要素は特段なさそうですが、いえいえ、大いにあるのです。tr と dr は音の化学変化が起こり、tr は「チュゥル」、dr は「ジュゥル」になってしまうのです。そう、tree は「チュゥリー」、dream は「ジュゥリーム」といった具合に。これらの音を文字に置き換えて表すと、tree は *chree*、dream は *jream* なのです。

tr や dr を含む他の単語の例をカタカナで表してみますね。もちろん、実際の音はこの限りではありませんが、まずは“聞こえ具合”をイメージしてみてください。

・tropical tree（熱帯樹）	➡	チョロピコゥ　チュゥリィ
・drip-dry（アイロン不要の）	➡	ジョゥリップ　ジョゥライ

strange dream の読み方は、もうおわかりですよね。ストレンジ・ドリームではなく…スチョゥレィンジ・ジョゥリームです！

▶②　strange の a はアルファベット読みをしますので本来は「エィ」なのですが、日本人はここを「エー」で対応してしまう傾向があるようです。それもそのはず、UNIT 18の「オゥ」と同様に、スピードのついた日本語の会話では、私たちは「エィ」を無意識的に伸ばして言ってしまっているからです。こちらも「えい」で入力検索をしてみると、英、映、栄などの漢字がヒットしますが、実際は、英語は"えーご"、映画は"えーが"、繁栄は"はんえー"のように母音が伸びてしまっているはず。2つの母音のうち、後ろが「ー」となってしまうのは日本語であれば普通に起こる音声現象ですので特に問題はないのですが、英語の場合は日本語の特性を持ち込まずにstrangerのaを「エィ」と瞬時に読めるかどうかが、これからの英語力UPの道につながっていくと言えるでしょう。

音声変化をマスターしよう！～ストーリーからピックアップ～

音声をよく聞き、英文を声に出して言ってみましょう。

1 I had a strange dream last night.
2 For instance, she knew where I was born.
3 I looked at my face in the mirror.
4 It was just a typical morning that began normally.
5 I went back to bed to sleep again.

	ターゲット	フォニックスナビ	発音記号	変化のタイプ
1	last night	t + n	/t n/	脱落
2	for instance	or + i	/ər i/	連結
3	looked at	d + a	/t ə/	連結
4	just a	t + a	/t ə/	連結
5	went back	t + b	/t b/	脱落

1 tとnが隣り合うと、tの音が落ち「ラスッナイッ」に。

2 orとiがくっついて「フォリンスタンス」に。

3 dとaがくっついて「ルックタッ」になります。このooは短いOOです。なお、lookedのdは/t/です。

4 tとaがくっついて「ジャスタ」に。

5 tとbが隣り合うと、tの音が落ちで「ウェンッバッ」に。

ディクテーション

仕上げとして、当ユニットのストーリーを聞き、書き取ってみましょう。

Tongue Twister　フォニックスと数字の早口言葉

Track 099

The **triplets** with a tricolor scarf are all **trilingual.**

(トリコロール色のスカーフをまとった三つ子は、みな３カ国語話者だ)

UNIT 30 | トムのアルバイト

Track 100

▶ 人物　トムの友人

▶ スタイル　短編ストーリー　▶ フォーマル度　★☆☆

トムの仕事に対する哲学に感銘を受けた友人が、一編のショートストーリーとしてまとめました。

Tom got a new part-time job at a French restaurant and started working as a waiter from last Friday. This is just the right job for him but it's a little demoralizing when business is slow. Since he's an extrovert and the sociable type, he enjoys chatting a little with the customers, but time flies when it's busy, as you can imagine. Some people prefer a quiet life and there's no doubt about it, but regarding the service industry, Tom thinks "the busier the better" and "the more the merrier."

- demoralizing（やる気をそぐような）
- extrovert（外交的な）
- sociable（社交的な）
- doubt（疑い）
- industry（産業、業界）
- The more the merrier.（人が多ければ多いほど楽しい）　※決まり表現です。

トムはフレンチレストランで新しいバイトの仕事を見つけ、先週の金曜日からウェイターとして働き始めた。彼にとって、まさにうってつけの仕事だったが、お店が静かだとちょっとばかり気が滅入ってしまった。彼は外交的で社交的な性格、お客さんとのちょっとした会話を楽しんでいたが、ご想像の通り、仕事が忙しくなればあっという間に時間は飛んでしまう。静かな生活を望む人もいて、それについては疑いの余地もない。でも、サービス業に関して言えば、トムはこう思う。「忙しければ忙しいほどいい。人が多ければ多いほど楽しい」。

フォニックスのルールと音を✔チェック！

単語		つづり字	発音記号	フォニックス・ルール	ルール番号
people（人々）	①	p	/p/	1字つづりの子音	7
	②	eo	/iː/	例外	100
	③	p	/p/	1字つづりの子音	7
	④	l	/l/	1字つづりの子音	21
	⑤	e	-	読まない	-

▶③④　people をカタカナ英語にするとピープルですが、このまま発音してもまず通じない可能性が高いですね。というのも、語尾の -ple は「ポゥ」だからです。このときの l は暗い L の「ゥ」なのですが、日本語では明るい L になってしまっている。そして、これこそが皆さんの英語が通じるか否かの分かれ道になっているのです。明るい L は日本語の「ラ行」に似ていますが、暗い L のほうはどうもイメージがつかみにくいですよね。暗い L は舌先を歯茎に接近させて作る「ゥ」または「ォ」ととらえてください。さて、いわゆる" ピーポゥ "や" アッポゥ "の「ポゥ系」(というカテゴリーにさせていただきます)の他に、-ble の「ボゥ系」もあるので並列的にお見せしますね。発音記号は /pl/ と /bl/ です。このかたまりで 1 音節となります。

※イメージしやすいように、読み方をカタカナで表します。

-ple（ポゥ系）➡ people（ピーポゥ）、apple（アッポゥ）、purple（パーポゥ）、pimple（ピンポゥ）、ripple（リッポゥ）
【意味】人々、リンゴ、紫、吹き出物、さざ波

-ble（ボゥ系）➡ able（エィボゥ）、cable（ケィボゥ）、noble（ノゥボゥ）、marble（マーボゥ）、double（ダボゥ）
【意味】～することができる、ケーブル線、貴族の、大理石、2倍の

単語		つづり字	発音記号	フォニックス・ルール	ルール番号
doubt（疑い）	①	d	/d/	1字つづりの子音	12
	②	ou	/ɑu/	母音ペア②	47
	③	bt	/t/	語尾の bt	98

▶③　英語には読まない文字（黙字）というのが存在しまして、語頭、語中、語尾の3カ所に現れます。-btはbを読みません。そう言えば、学生時代に習ったような…という方もいらっしゃると思いますので、記憶を手繰り寄せながら次のリストをご覧ください。

黙字（語尾）

つづり字	ルール	単語	
bt	bは読まない	debt（借金）	doubt（疑い）
gh	ghを読まない	high（高い）	sigh（ため息）
gn	gは読まない	foreign（外国の）	sign（署名する）
mb	bは読まない	lamb（子羊）	thumb（親指）
mn	nは読まない	autumn（秋）	column（コラム）
t	tは読まない	ballet（バレエ）	debut（デビュー）

他にもcorps（部隊）という単語がありますが、こちらは語尾のpsを読みませんので、core（核）と同音異義語です。

音声変化をマスターしよう！～ストーリーからピックアップ～

音声をよく聞き、英文を声に出して言ってみましょう。

1 Tom got a new part-time job at a French restaurant.
2 It's a little demoralizing when business is slow.
3 He enjoys chatting a little with the customers.
4 Time flies when it's busy, as you can imagine.
5 Tom thinks "the busier the better."

	ターゲット	フォニックスナビ	発音記号	変化のタイプ
1	got a	t + a	/t ə/	**連結** **有音のT**
2	business is	ss + i	/s i/	**連結**
3	enjoy	-	/indʒɔ́i/	**カタカナ**
4	when it's	n + i	/n i/	**連結**
5	better	-	/bétər/	**カタカナ** **有音のT**

1 tとaがくっついて「ガラ」になります。gotのTを有音化させない場合は「ガタ」。

2 sとiがくっついて「ビズネスィーズ」。ssは1文字として換算します。なお、businessの発音は「ビズネス」です。

3 カタカナ発音に注意！　エンジョイではなく「インジョイ」です。カタカナ英語では語頭は「エ」ですが、英語では「イ」です。

4 nとiがくっついて「ウェニッツ」に。

5 カタカナ発音に注意！　一般的に米語ではtの直前の母音に強いアクセントがある場合、tは有音のTとなります。よってbetterは「ベラー」に。

ディクテーション

仕上げとして、当ユニットのストーリーを聞き、書き取ってみましょう。

Tongue Twister　フォニックスと数字の早口言葉

Track 101

Four people ate **six** apples, so who took **two**?

(4人で6個のリンゴを食べたので、2個取ったのは誰？)

UNIT 31 | ダイエット日記

Track 102

▶ 人物　30 代の会社員

▶ スタイル　日記　▶ フォーマル度　★☆☆

以前大ヒットしたラブコメディ映画『ブリジット・ジョーンズの日記』に影響を受けた女性が一念発起、減量のためのプランを立てています。

I've decided to go on a diet since I've gained 5 kilos during the winter vacation. I've told myself millions of times not to take too much sugar, but I still forget. Here's my diet plan. First, I'll go to a local supermarket and buy some vegetables. Of course, I'll choose organic if I can. Second, I'll learn how to cook. Ready-made food is convenient and a great time-saver, but I seriously have to start thinking about the nutrition. Finally, I'll keep a diet journal. Keeping track of what we eat is particularly important. Well, all I wish this year is that I'm not making the same resolution next new year!

- gain（増やす）
- millions of（非常に多くの）
- ready-made（出来合いの）
- nutrition（栄養）
- keep a journal（日記をつける）
- resolution（決意、誓い）

ダイエットすることに決めたの。冬休みで 5 キロ太ってしまったわ。糖分は取りすぎないって何度も何度も誓ったのに、すぐに忘れちゃう。これが私のダイエット計画。まず、地元のスーパーへ行って野菜を買う。もちろん、可能であれば有機野菜を。次に、料理を学ぶ。出来合いのお総菜は便利だし、時短になるけれど、栄養について真剣に考え始めなきゃいけない。最後に、ダイエット日記をつける。食べたものを記録することは特に重要なの。そうね、来年のお正月に同じ誓いを立てていないことを願うわ！

フォニックスのルールと音を✔チェック！

単語		つづり字	発音記号	フォニックス・ルール	ルール番号
million（100万）※本文では複数形です。	①	m	/m/	1字つづりの子音	19
	②	i	/ɪ/	1字つづりの母音	4
	③	ll	/l/	1字つづりの子音（2字1音）	21
	④	i	/j/	yのフォニックス読みをするi	97
	⑤	o	/ə/	弱母音	86
	⑥	n	/n/	1字つづりの子音	20

▶④　opinion と同様に、million の i も /j/ ですので、全体としては「ミリヤン」に近い印象です。実際に声に出して言ってみると、ミリオンよりもミリヤンのほうが流れがスムーズで発音しやすいかと思います。

単語		つづり字	発音記号	フォニックス・ルール	ルール番号
buy（買う）	①	b	/b/	1字つづりの子音	8
	②	uy	/ɑi/	例外	100

▶②　buy の uy はフォニックス・ルールの中において例外中の例外なのですが、英語には珍しいつづり字があります。規則性の外にある属性を1つのカテゴリーとして見ることもできますので、この本では例外のつづり字をルールの100番として扱っています。すでに他のユニットにて登場している単語もありますが、代表的なものをいくつか示していきますね。

- bury　　u なのに「エ」と読む上 berry と同音、かつ意味は「葬る」。
- buy　　uy から「アィ」の音を想像するのは難しい。
- do　　o で「ウー」、基本単語のトラップ。
- key　　ey は通常は弱母音。ここではしっかり強母音。
- shoe　　oe はオエではない！　「ウー」と読ませる裏技。
- two　　wo は「ウー」。ただし、同音異義語の too の oo は規則的な読み方。

・women　o も e も「イ」、よって「ウィミン」。

なお、フォニックス学習者泣かせの単語に choir（合唱隊）があります。思わずチョアと読んでしまいそうになりますが、正しくは「クワイァ」。発音記号は /kwáiər/ です。

音声変化をマスターしよう！～ストーリーからピックアップ～

音声をよく聞き、英文を声に出して言ってみましょう。

1 I've told myself millions of times not to take too much sugar.
2 But I still forget.
3 I'll buy some vegetables.
4 I'll choose organic if I can.
5 Ready-made food is a great time-saver.

	ターゲット	フォニックスナビ	発音記号	変化のタイプ
1	millions of	s + o	/z ə/	**連結**
2	but I	t + I	/t ai/	**連結** **有音の T**
3	some	-	/səm/	**弱形**
4	organic	-	/ɔːrgǽnik/	**カタカナ**
5	great time	t + t	/t t/	**脱落**

1　s と o がくっついて「ミリヤンゾヴ」に。この s は /z/ です。
2　t と I がくっついて「バラィ」に。なお、T を有音化させない場合は「バタィ」です。
3　some は文中ではたいてい弱くなり「スム」のように響きます。
4　カタカナ発音に注意！　「オーガニック」の「ガ」に強いアクセントが来ます。下線部分を強く読みましょう。
5　t と t が隣り合うと、最初の t の音が落ち「グレイッタイム」に。

ディクテーション

仕上げとして、当ユニットのストーリーを聞き、書き取ってみましょう。

Tongue Twister　フォニックスと数字の早口言葉

Track 103

Mike has **millions of** marvelous ideas.
（マイクにはたくさんのすばらしいアイディアがある）

UNIT 32 | 若者たちへ

Track 104

▶ 人物　かつて旅人だった初老の男性

▶ スタイル　スピーチ　▶ フォーマル度　★★☆

若い頃に世界中を旅した男性が、講演会にゲスト・スピーカーとして呼ばれ、若者に向けて旅のすばらしさを語っています。

I advise young people to strive for their spirit of adventure while they can. It gets more and more difficult to have your own time once you enter society. I strongly recommend you try something new or even challenging, which will definitely help broaden your horizons. As for me, I took a leave of absence from school for a year and traveled around the world in the late 1970s. I was 19. I had opportunities to meet people of a like mind in many countries and they're my forever friends. Now's your chance!

- strive for（〜のために奮闘する）
- adventure（冒険）
- society（社会）
- broaden one's horizens（視野を広げる）
- of a like mind（同じ意見の、同じ考えを持った）

若者にはできることなら冒険心を持つようにと忠告したい。一度社会に入ってしまうと、自分の時間を手に入れることが徐々に難しくなってしまう。新しいことにトライしたり、チャレンジを必要とする体験を強くお勧めする。それは必ずや君たちの視野を広げてくれることだろう。私はと言えば、1 年間休学し、1970 年代後半に世界中を旅した。19 歳だった。似たような志を持つ人々とさまざまな国で出会い、彼らとは永遠の友になった。次は君たちの番だ！

フォニックスのルールと音を✓チェック！

単語		つづり字	発音記号	フォニックス・ルール	ルール番号
broaden（広げる）	①	br	/br/	子音混合音	67
	②	oa	/ɔː/	例外	100
	③	d	/d/	1字つづりの子音	12
	④	e	/ə/	弱母音	86
	⑤	n	/n/	1字つづりの子音	20

▶② だまされないでくださいね、この oa はオウに見せかけておいて「オー」と読みます。oa は母音ペア①のつづり字ですので、規則的には o のアルファベット読み（/ou/）をするのですが、このような例外にひょっこり出くわすことがあります。なお、abroad もまったく同じひっかけで「オー」です。

単語		つづり字	発音記号	フォニックス・ルール	ルール番号
travel（旅行する）※本文では過去形です。	①	tr	/tr/	子音混合音	72
	②	a	/æ/	1字つづりの母音	2
	③	v	/v/	1字つづりの子音	16
	④	e	/ə/	弱母音	86
	⑤	l	/l/	1字つづりの子音	21

▶①② 生徒さんから幾度となく受けてきた質問と言えば、travel と trouble の違い。この2つの単語の音がどのように似ていて、また、どのように違うのかを検証していきます。では、それぞれの単語を音素ごとに分けて表にしますね。

	travel（旅行）		trouble（問題）	
1)	tr	/tr/	tr	/tr/
2)	a	/æ/	ou	/ʌ/
3)	v	/v/	b	/b/
4)	e	/ə/	l	/l/
5)	l	/l/	e	-

どうやら音の違いは2)と3)にあるようです。まず、/æ/ と /ʌ/ ですが、/æ/ は口の端を引いて「ア」と言います。そうすると「ア」と「エ」の中間的な音になります。一方の /ʌ/ は、口をあまり開けずに喉の奥から強く「ア」。カタカナで表すとどちらも「ア」になってしまうのですが、裏技としては /æ/ をほんの少しだけ伸ばし気味にすると /ʌ/ との差別化が生まれて相手に通じやすくなります。/v/ と /b/ については、/v/ は下唇に前歯を一瞬あてて（こすらせて）離します。一方、/b/ は両方の唇を一瞬くっつけてから離します。travel が通じにくい方は、v のときに唇がくっついてしまっているのかもしれません。鏡を使って口の動きを確認してくださいね。

音声変化をマスターしよう！～ストーリーからピックアップ～

音声をよく聞き、英文を声に出して言ってみましょう。

1 It gets more and more difficult to have your own time.
2 I strongly recommend you try something new.
3 I was 19.
4 I had opportunities to meet people of a like mind.
5 They're my forever friends.

	ターゲット	フォニックスナビ	発音記号	変化のタイプ
1	it gets	t + g	/t g/	**脱落**
2	strong	-	/strɔːŋ/	**カタカナ**
3	was	-	/wəz/	**弱形**
4	people of a	l + o f + a	/l ə/ /v ə/	**連結** **暗いL →** **明るいL**
5	they're	-	/ðər/	**短縮**

1 t と g が隣り合うと、t の音が落ちて「イッゲッツ」に。

2 カタカナ発音に注意！　strong はストロングではなく「スチョローング」。ここでは strong（形容詞）のかたちでご紹介していますが、p. 204 の英文では副詞の strongly です。

3 たいていの場合、文中では was は弱くなるため「ウズ」に。このときの母音は /ə/ です。

4 l と o、f と a がそれぞれくっついて全体では「ピーポロヴァ」に。people の e は黙字なので、l と of の o がくっつきます。なお、people の l は本来は暗い L なのですが、o と連結することで明るい L に。

5 they are の短縮形 they're は、their（彼らの）「ゼァ」のように響きます。

ディクテーション

仕上げとして、当ユニットのストーリーを聞き、書き取ってみましょう。

Tongue Twister フォニックスと数字の早口言葉

Track 105

Joe loves traveling, so he goes abroad **every other month.**

（ジョーは旅行が大好きなので、1 カ月おきに海外へ行く）

UNIT 33 | 臭豆腐

Track 106

▶ 人物　　旅行ライター

▶ スタイル　ブログ　　▶ フォーマル度　★☆☆

旅を愛するライターが、台湾のストリート・フードである「臭豆腐」についてブログを書きました。臭いか、臭くないかは…あなた次第です。

Stinky tofu is known to be a popular street food in Taiwan. It's a fermented tofu and has a highly pungent smell, especially when it's deep fried. This unique dish is eaten as a quick snack and typically served at small food stalls in the local markets. Stinky tofu is considered to be the national snack but there are pros and cons—I have some Taiwanese friends who can't stand it, on the other hand, some people consider the smell tantalizing. Tasting is believing. Now, you can tell me what it's like.

- stinky（臭い）
- fermented（発酵した）
- pungent（[においなどが] つんと来る）
- stall（屋台）
- pros and cons（賛否両論）
- tantalizing（気持ちがそそられる）

臭豆腐は、台湾での人気のストリートフードとして知られている。発酵した豆腐で、特に揚げたものは強烈な臭いを放つ。この独特な料理は軽食として食され、たいていはローカルマーケットの屋台で売られている。臭豆腐は国民的な食べ物としてとらえられている一方で賛否両論もある。とてもじゃないけどムリという台湾人の友人もいれば、その臭いが食欲をそそると言う者もいる。百聞は一食にしかず。どんな感じなのか、今度は君に教えてもらおう。

フォニックスのルールと音を✔チェック！

単語		つづり字	発音記号	フォニックス・ルール	ルール番号
stinky（臭い）	①	st	/st/	子音混合音	53
	②	i	/ɪ/	1字つづりの母音	4
	③	n	/ŋ/	1字つづりの子音	35
	④	k	/k/	1字つづりの子音	9
	⑤	y	/i/	弱母音	87

▶③　stinky の n は 1 字つづりの子音ですので規則的な読み方は「ヌ」(/n/) ですが、/k/ や /g/ の前では ng の読み方、すなわち「ング」(/ŋ/) になります。これは決まりというよりは自然発生的にそうなっており、後からルールがついてきているとも言えます。本来、n は舌先を歯茎にあてて「ヌ」と言いますが、それだと stinky は“スティヌキー”になってしまいます。実は、私たちは次に来る子音を事前に（もちろん無意識に）意識しており、n の段階で k の口のかたち（舌の付け根を喉奥につける）を想定しているのです。ちなみに、同じような現象が日本語にもあります。

案内（あんない）
案外（あんがい）

まずは一度、それぞれを音読してみてください。次に、「ん」の舌の位置に注意しながら、もう一度。どうですか。「あんない」の「ん」は、舌先が上の歯ぐきについていますよね（annai の n の調音点を意識している）。一方、「あんがい」は「ん」の段階で舌の付け根がべったり喉奥についているはずです（angai の g の調音点を意識している）。こうやって考えてみると、調音器官は本当によくできているとむしろ感心してしまいます。

単語		つづり字	発音記号	フォニックス・ルール	ルール番号
unique（独特な）	①	u	/juː/	アルファベット読み	1
	②	n	/n/	1字つづりの子音	20
	③	ique	/iːk/	例外	100

▶③　tongue（舌）の ue は黙字と習いましたが（→ p. 66）、ique（/iːk/）で 1 つのルールと見ることができます。その場合、強いアクセントは i につきます。

antique （アンティーク）	oblique （遠回しの）
pique （憤慨）	unique （独特な、ユニークな）

なお、pique は peak（頂点）の同音異義語です。

音声変化をマスターしよう！～ストーリーからピックアップ～

音声をよく聞き、英文を声に出して言ってみましょう。

1 Stinky tofu is known to be a popular street food in Taiwan.
2 This unique dish is eaten as a quick snack.
3 It's typically served at small food stalls in the local markets.
4 Tasting is believing.
5 Now, you can tell me what it's like.

	ターゲット	フォニックスナビ	発音記号	変化のタイプ
1	street	-	/striːt/	**カタカナ**
2	dish is	sh + i	/ʃ i/	**連結**
3	served at	d + a	/d ə/	**連結**
4	tasting is	ng + i	/ŋ i/	**連結**
5	what it's	t + i	/t i/	**連結** **有音のT**

1 カタカナ発音に注意！　ストリートではなく「スチョリート」です。str は 3 文字の子音混合音。母音をはさまずに str を一気に読みます。
2 sh と i がくっついて「ディッシーズ」に。
3 d と a がくっついて「サーヴダッ」に。
4 ng と i がくっついて「ティスティンギズ」に。Tasting is believing. はことわざの

Sccing is believing.（百聞は一見に如かず）をもじった文です。

5 tとiがくっついて「ワリッツ」に。Tを有音化させない場合は「ワティッツ」です。

ディクテーション

仕上げとして、当ユニットのストーリーを聞き、書き取ってみましょう。

Tongue Twister　フォニックスと数字の早口言葉

Track 107

Alice will get the unique antiques at one-half of the price.
（アリスは半分の値段で、その珍しい骨とう品を手に入れるだろう）

フォニックス・クイズ ｜ UNIT 26 ▶ 33

間違ったつづり字は音の誤変換によるものです。そこで、「和訳」と「間違ったつづり字」を線で結び、「正しいつづり字」に直していきましょう。

クイズ 1

和訳	間違ったつづり字	正しいつづり字
① 人々・	・uneek	[ ]
② 旅行する・	・kouridge	[ ]
③ 100 万・	・schreinge jreem	[ ]
④ 買う・	・chravel	[ ]
⑤ 独特な・	・bye	[ ]
⑥ 臭い・	・millyon	[ ]
⑦ 勇気・	・peepl	[ ]
⑧ 奇妙な夢・	・stincki	[ ]

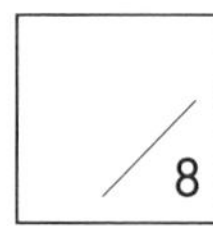

答え

クイズ 1

① 人々	peepl	→	[people]
② 旅行する	chravel	→	[travel]
③ 100 万	millyon	→	[million]
④ 買う	bye	→	[buy]
⑤ 独特な	uneek	→	[unique]
⑥ 臭い	stincki	→	[stinky]
⑦ 勇気	kouridge	→	[courage]
⑧ 奇妙な夢	schreinge jreem	→	[strange dream]

クイズ 2

和訳	間違ったつづり字	正しいつづり字
① 疑い・	・stumack	[ ]
② 広げる・	・igzawsted	[ ]
③ 後ろの・	・haind	[ ]
④ 旅行・	・sweat	[ ]
⑤ 疲弊した・	・broden	[ ]
⑥ かわいい・	・jurney	[ ]
⑦ おなか・	・daut	[ ]

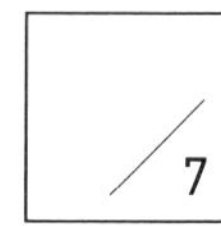

答え

クイズ 2

① 疑い	daut	→	[doubt]
② 広げる	broden	→	[broaden]
③ 後ろの	haind	→	[hind]
④ 旅行	jurney	→	[journey]
⑤ 疲弊した	igzawsted	→	[exhausted]
⑥ かわいい	sweat	→	[sweet]
⑦ おなか	stumack	→	[stomach]

UNIT 26 ▶ 33 のまとめ

	タイトル	学んだこと1	学んだこと2	学んだこと 3
UNIT 26	グルメ旅	**exhausted** 1字2音の **x** には「クス」と「グズ」の読み方がある。	**journey** **er** と同じ読み方をする **our** は例外のつづり字。	**journey** 語尾の **ey** はやや音を伸ばす。
UNIT 27	フォトジェニック犬	**sweet** **sw** は英語では「スゥ」と発音するが、日本人はこの「ゥ」を落としてしまう傾向がある。	**hind** **-ind** と **-ild** の **i** は「**i** のアルファベット読み」、**-old** と **-ost** の **o** は「**o** のアルファベット読み」をする。	
UNIT 28	ジャンプ！ダイブ！	**stomach** **ch** には3つの読み方がある。	**courage** 語頭のかたい **C** は音の破裂が顕著である。	
UNIT 29	ちょっとホラーな話	**strange** **tr** は **chr** に読み変えて発音するとよい。	**strange** 日本語の影響から、二重母音の「エィ」が長母音の「エー」になってしまうことがある。	**dream** **dr** は **jr** に読み変えて発音するとよい。
UNIT 30	トムのアルバイト	**people** 語尾の **ple**（ポゥ系）と **ble**（ボゥ系）の **l** は暗い **L**。よって **l** の発音は「ゥ」。	**doubt** 英語の黙字は語頭、語中、語尾のすべての箇所に現れる。	

	タイトル	学んだこと1	学んだこと2	学んだこと 3
UNIT 31	ダイエット日記	**million** 母音字の直前のiは「ヤ」に近い音になる。 ※ **UNIT** 5を参照のこと。	**buy** 英語のつづり字には、読み方の類推がしにくい「例外中の例外」がある。	
UNIT 32	若者たちへ	**broaden** 「オー」と読む **oa** は例外のつづり字。	**travel** **travel** や **trouble** のように似て非なる音を持つ単語のペアがある。その際、特に母音に注意を払う必要がある。	
UNIT 33	臭豆腐	**stinky** **n** は **ng** の読み方になることがある。	**unique** **ique** で1つのフォニックス・ルール。**i** をアルファベット読みし、この母音字に強いアクセントがつく。	

UNIT 34 | 運命の出会い

Track 108

▶ 人物　本を愛する男性

▶ スタイル　短編ストーリー　▶ フォーマル度　★☆☆

まるで映画のワンシーンのような展開です。お気に入りの俳優をイメージしながら音読すると、臨場感がさらに生まれます。

I was looking for Primrose Bookstore on a sunny day in June. The store was supposed to be located next to the post office, but I couldn't find it. Just couldn't. I gave up searching, and I decided to ask a young woman walking down the street. She smiled and said she was willing to show me where it was on the map. "Or would you like to come with me? Actually, I'm the owner of the bookstore." This is how I met Becky and now we're getting married next spring.

- primrose（サクラソウ）
- sunny（晴れの）
- located（～に位置している）
- owner（オーナー）
- get married（結婚する）

6月のある晴れた日、僕はプリムローズ・ブックストアを探していた。その店は郵便局の隣にあるはずだったが、見つけることができなかった。どうやっても。探すのをあきらめて、通りを歩いている若い女性に尋ねることにした。彼女は微笑み、地図のどこにあるか教えましょうと言った。「または、もしよかったら一緒に来ませんか？　実は私はその書店のオーナーなんです」。こうしてベッキーと出会い、来年の春、僕らは結婚する。

フォニックスのルールと音を✔チェック！

単語		つづり字	発音記号	フォニックス・ルール	ルール番号
young (若い)	①	y	/j/	1字つづりの子音	26
	②	ou	/ʌ/	準ルール	99
	③	ng	/ŋ/	2字つづりの子音	35

▶ ② 母音ペア②の ou は「アゥ」(/ɑu/) と読みますが、young の ou は「ア」(/ʌ/) です。次のリストは young の ou（/ʌ/）と同じ読み方をする単語の一覧です。

young (若い)	rough (ざらざらした)	country (国)
cousin (いとこ)	touch (触れる)	enough (十分な)

この中で発音のミスが起こりそうなのは cousin でしょうか。なんとなくコウズンに読めなくもない…(正しくはカズンですが)。cousin は ou が /ʌ/ になることに加え、s が /z/ の音になっています。かつ、-sin の i の音がしばしば脱落することもあるため、最大で3つの音声ポイントが確認できます。

単語		つづり字	発音記号	フォニックス・ルール	ルール番号
next (次の)	①	n	/n/	1字つづりの子音	20
	②	e	/e/	1字つづりの母音	3
	③	x	/ks/	1字つづりの子音	24
	④	t	/t/	1字つづりの子音	11
spring (春)	⑤	spr	/spr/	子音混合音	74
	⑥	i	/ɪ/	1字つづりの母音	4
	⑦	ng	/ŋ/	2字つづりの子音	35

▶ ③④⑤ UNIT 1 では thing から(1)つづり字と音の数の不一致性をひも解き、UNIT 7 では text を参考に(2)子音混合音の特徴を学びました（→ p. 65, p. 89)。そして、ここでは単語間においてもこれが起こりうることをお話ししたいと思いま

す。さて、next の xt は 2 字 3 音、spring の spr は 3 字 3 音、合算すると 5 字 6 音になります。つまり、連続する 6 つの子音を英語らしく読まなければならないというミッションが与えられています。そうです、/kst spr/ を一気に読み切るというのが、ここでの重要なポイントです。なお、下線部分の t s ですが、/t/ と /s/ が隣り合うと /t/ の音が落ち「ッ」になりますので、厳密にはマイナス 1 音の換算でもよいでしょう。

next spring
"ネクスッ スプゥリング"

なお、英語は母音の前では 3 つ、母音の後では 4 つまで子音の連結が可能なのですが、イメージとしてとらえにくいですよね。しいて言うならば、「めだまやき」が *mdamyk* になるような…そんな感覚です。

音声変化をマスターしよう！～ストーリーからピックアップ～

音声をよく聞き、英文を声に出して言ってみましょう。

1 The store was supposed to be located next to the post office.
2 I couldn't find it.
3 I gave up searching.
4 Would you like to come with me?
5 I'm the owner of the bookstore.

	ターゲット	フォニックスナビ	発音記号	変化のタイプ
1	next to	t + t	/t t/	**脱落**
2	find it	d + i	/d i/	**連結**
3	gave up	v + u	/v ʌ/	**連結**
4	would you	d + y	/d j/	**同化**
5	owner of	er + o	/ər ə/	**カタカナ連結**

1 t と t が隣り合うと最初の t の音が落ち「ネクスットッ」に。xt は /kst/（3 音）です。
2 d と i がくっついて「ファインディッ」に。
3 v と u がくっついて「ゲイヴァッ」に。

4 dとyが隣り合うと音の変化が起こり「ウジュ」。d + y（/d j/）は /dʒ/ になります。

5 カタカナ発音に注意！　owner はオーナーではなく「オゥナァ」です。日本語では母音が「オー」と伸びていますが、英語では「オゥ」。なお、er と o がくっついて全体では「オゥナロヴ」になります。

Tongue Twister　フォニックスと数字の早口言葉

Track 109

A young cousin of mine is turning 9.

（私の幼いいとこは9歳になる）

UNIT 35 おばあちゃんのスケッチブック

Track 110

▶ 人物　17 歳のジョン

▶ スタイル　短編ストーリー　▶ フォーマル度　★☆☆

クロゼットの奥に眠っていた 1 冊のスケッチブック。それを偶然見つけた息子と、形見が手元に戻り感激している母の物語。

One day, John found an old sketchbook when cleaning the house. He asked his mother if she had any ideas about whose book it was. "It's your grandmother's and I've had it as a keepsake to remember her by." Then, she added, "Actually, I've been looking for this book for a long time. Where did you find it, John?" "It was stashed away at the back of the closet. I was searching for my yearbook." The treasure had been carefully protected in the dark, waiting for decades for somebody to find it.

- keepsake（形見）
- stash away（[安全な場所に] 保管する、しまっておく）
- yearbook（卒業、学年度末のアルバム）　※ 1 年間の学校生活や思い出などをまとめた記念アルバム。
- treasure（宝物）
- decade（10 年間）

ある日、ジョンが部屋の掃除をしていたとき、古びたスケッチブックを見つけた。彼はお母さんに誰の本なのか見当がつくかどうかを尋ねた。「あなたのおばあちゃんのものよ。ママが母の形見としてずっと持っていたものなの」そして、こう付け加えた。「実は、その本をずっと探していたのよ。どこで見つけたの、ジョン？」「クロゼットの一番奥にしまわれていたよ。僕は学校のアルバムを探していたんだ」。その宝物は暗闇で大切に保管され、何十年もの間、誰かが見つけてくれるのを待ち続けていたのだった。

フォニックスのルールと音を✔チェック！

単語		つづり字	発音記号	フォニックス・ルール	ルール番号
found（find［見つける］の過去形）	①	f	/f/	1字つづりの子音	15
	②	ou	/ɑu/	母音ペア②	47
	③	n	/n/	1字つづりの子音	20
	④	d	/d/	1字つづりの子音	12

▶② found の ou は「アゥ」(/ɑu/) と発音します。なお、/ɑu/ の音を持つつづり字は基本的には ou と ow の2つですので、とても覚えやすいのです。ただし、ow のほうは母音ペア①の「オゥ」(know) と母音ペア②の「アゥ」(now) の2パターンがあるので、やや注意が必要です。

単語		つづり字	発音記号	フォニックス・ルール	ルール番号
added（add［加える］の過去形）	①	a	/æ/	1字つづりの母音	2
	②	dd	/d/	1字つづりの子音（2字1音）	12
	③	e	/i/	弱母音	87
	④	d	/d/	1字つづりの子音	12

▶③④ 規則的な変化をする過去形 -ed には3種類あり、語の終わりの音によって読み方が決まっています。学生時代に習っていると思いますが、頭の中でごちゃごちゃになっているかもしれませんので、この機会にしっかりとルールを整理しておきましょう。

	過去形・過去分詞のルール	単語
(1)	語の終わりが有声子音 /b/ /g/ /v/ /ð/ /z/ /ʒ/ /dʒ/ /m/ /n/ /ŋ/ /l/ /r/ および母音のとき ➡ /d/ になる。	rained /nd/
(2)	語の終わりが次の無声子音 /p/ /k/ /f/ /θ/ /s/ /ʃ/ /tʃ/ のとき ➡ /t/ になる。	stopped /pt/

(3)	語の終わりが /d/ または /t/ のとき ➡ /id/ になる。	needed /did/

有声音は喉に手を当てて発声したときにブルブルと振動を感じます。何も震えがなければそれは無声音ということです。声に出しながら、震えがあるかどうかを確認してみましょう。では次に、p. 220 の英文に登場する動詞で読み方のおさらいをしていきましょう。

(1) 有声音で終わる単語 → /d/
- cleaned
- remembered

(2) 無声音で終わる単語 → /t/
- asked
- looked
- searched
- stashed

(3) /d/ で終わる単語 → /id/
- added

(4) /t/ で終わる単語 → /id/
- protected
- waited

-ed には 3 つの音がありますが、あくまで添える音として考えましょう。/t/ および /d/ を強く読んでしまうと音節が余分に 1 個増えることになります！

音声変化をマスターしよう！～ストーリーからピックアップ～

音声をよく聞き、英文を声に出して言ってみましょう。

1 I've had it as a keepsake to remember her by.
2 Where did you find it?
3 It was stashed away at the back of the closet.
4 The treasure had been carefully protected in the dark.
5 It had been waiting for decades for somebody to find it.

	ターゲット	フォニックスナビ	発音記号	変化のタイプ
1	had it as a	d + i t + a s + a	/d i/ /t ə/ /z ə/	**連結** **有音のT**
2	did you	d + j	/d j/	**同化**
3	stashed away	d + a	/t ə/	**連結**
4	treasure	-	/tréʒər/	**カタカナ**
5	find it	d + i	/d i/	**連結**

1 dとi、tとa、sとaがそれぞれくっついて「ハディラザ」に。tが有音化していることに加えて、なんと連結が3回も起こっています。ただし、Tを有音化させない場合は「ハディタザ」です。

2 dとyが隣り合うと音の変化が起き「ディジュゥ」。d + y（/d j/）は /dʒ/ になります。

3 dとaがくっついて「スタッシュッタウェイ」に。stashedのdは /t/ です。

4 カタカナ発音に注意！　トレジャーではなく「チョレジャー」です。

5 dとiがくっついて「ファインディッ」に。

ディクテーション

仕上げとして、当ユニットのストーリーを聞き、書き取ってみましょう。

Tongue Twister　フォニックスと数字の早口言葉

Track 111

It rained **for weeks** and won't stop **for another four weeks.**

（数週間も雨が降り、あと4週間はやまないだろう）

UNIT 36 | 壊れたカメラ

Track 112

▶人物　カメラを購入したジャック

▶スタイル　短編ストーリー　▶フォーマル度　★☆☆

説明書を読んでもダメ、電池交換してもダメ…お気に入りのカメラをやっと手に入れたジャックのちょっと気の毒なエピソード。

The camera Jack purchased in the nearby shop last week was defective. Unfortunately, there seemed to be something wrong with the flash. He changed the batteries a couple of times and tried again, but it didn't work. Consequently, he returned to the shop to ask if it was possible to replace it for another one. The shop clerk apologized to him sincerely, "We're so sorry but we're out of this product." Jack was sad because it was a rare model. They could only offer him a refund or a store credit for the amount he paid for the camera.

- purchase（購入する）
- defective（欠陥のある）
- consequently（結果として）
- replace（交換する）
- refund（返金）
- store credit（ストア・クレジット）　※そのお店で使えるお金のことで、次回商品を買うときにその分の利用ができます。

先週、ジャックが近所の店で購入したカメラは不良品だった。残念なことに、フラッシュに何か問題があるようだった。何度か電池を換えてトライしてみたけれど、やっぱり駄目だった。結果的には、彼はカメラの交換が可能かどうかを聞くために店へ戻った。店員は深く謝り、「大変申し訳ないのですが、この製品は品切れです」と言った。ジャックは悲しかった。というのも、それはレアなモデルだったからだ。その店のできることは、返金または買ったカメラと同額分の金額を提供することだけだった。

フォニックスのルールと音を✓チェック！

単語		つづり字	発音記号	フォニックス・ルール	ルール番号
couple（一対）	①	c	/k/	1字つづりの子音	9
	②	ou	/ʌ/	準ルール	99
	③	p	/p/	1字つづりの子音	7
	④	l	/l/	1字つづりの子音	21
	⑤	e	-	読まない	-

▶② couple の ou は young や country の下線部分と同じ読み方の「ア」です。一方、coupon の ou は「ウー」と読む長母音です。

couple（一対）		coupon（クーポン）	
c	/k/	c	/k/
ou	/ʌ/	ou	/uː/
p	/p/	p	/p/
l	/l/	o	/ɑ/
e	-	n	/n/

ou のつづり字には複数の読み方があるので、まとめておきましょう。

単語	意味	母音の発音記号	母音の読み方
couple	一対	/ʌ/	ア
coupon	クーポン	/uː/	ウー
couch	長椅子、カウチ	/ɑu/	アゥ
could	canの過去形	/u/	ウ

なお、フランス語を由来とする単語に coup（クーデター）があります。母音は /uː/ です。ただし、語尾の p は黙字、すなわち読みませんので全体では「クー」

（/kuː/）と発音します。

単語		つづり字	発音記号	フォニックス・ルール	ルール番号
rare（珍しい）	①	r	/r/	1字つづりの子音	22
	②	are	/eər/	rつきの母音	82

▶② are の規則的な読み方は、ear および eer と相関性を持っています。

are /eər/		ear /iər/		eer /iər/	
bare	裸の	-	-	beer	ビール
dare	敢えて〜する	dear	親愛なる	deer	鹿
fare	料金	fear	恐怖	-	-
rare	珍しい	rear	後部	-	-
share	分ける	shear	剪定ばさみ	sheer	完全なる
hare	野ウサギ	hear	聞く	-	-

このような類似の音を持ったつづり字群は、ライミングなどの音韻遊びの組み合わせとしてもよく使われます。

音声変化をマスターしよう！〜ストーリーからピックアップ〜

音声をよく聞き、英文を声に出して言ってみましょう。

1 He changed the batteries a couple of times.
2 He tried again.
3 We're out of this product.
4 It was a rare model.
5 They could only offer him a refund or a store credit.

	ターゲット	フォニックスナビ	発音記号	変化のタイプ
1	times	-	/tɑimz/	**カタカナ**
2	tried again	d + a	/d ə/	**連結**
3	out of	t + o	/t ə/	**連結** **有音のT**
4	model	-	/mɑ́dəl/	**カタカナ**
5	or a	or + a	/ər ə/	**連結**

1 カタカナ発音に注意！ タイムスではなく「タイムズ」です。日本語では、タイムスとタイムズの2通りが使われることがありますが、英語の語尾は /z/ です。

2 d と a がくっついて「チョライダゲィン」に。

3 t と o がくっついて「アウロヴ」に。T を有音化させない場合は「アウトヴ」です。

4 カタカナ発音に注意！ モデルではなく「マドゥ」です。"惑う" ですとイメトレしやすいでしょうか。

5 or と a がくっついて「オァラ」に。

ディクテーション

仕上げとして、当ユニットのストーリーを聞き、書き取ってみましょう。

Tongue Twister フォニックスと数字の早口言葉

Track 113

The hare hears the deer and the bear daring to share the fare of $14.50.

（野ウサギは、シカとクマが 14 ドル 50 セントの料金を割り勘にするつもりだと耳にする）

※ $14.50（fourteen dollars fifty cents）

UNIT 37 | 幼なじみ

Track 114

▶ 人物　大親友のいる女性

▶ スタイル　モノローグ　▶ フォーマル度　★☆☆

主人公の一人語り。親友との出会いのきっかけや、ふたりの仲の良さについて、アツく語っています。

Kate and I are childhood friends. We were born in the same hospital on the same day, and our mothers became good friends. We grew up in the same local town and played together a lot when we were kids. I have some other friends, of course but Kate is so special. I can talk to her about anything and everything, and so can she. We're of quite different characters, to be honest, but this makes good chemistry between us.

- childhood friend（幼なじみ）
- local town（地元）
- character（性格）
- chemistry（化学、［2人の］相性）　※英語では、相性の良し悪しは1つの化学反応だととらえます。

ケートと私は幼なじみ。同じ日に同じ病院で生まれ、母親同士が友人になったの。私たちは地元で育ち、子ども時代は本当によく一緒に遊んだわ。もちろん他の友人もいるけれど、ケートは特別。彼女には包み隠さず何でも話せるし、彼女もそうよ。率直に言って、2人の性格は全然違うけど、それが2人をより仲良しにさせるの。

フォニックスのルールと音を✔チェック！

単語		つづり字	発音記号	フォニックス・ルール	ルール番号
childhood（子ども時代）	①	ch	/tʃ/	2字つづりの子音	27
	②	i	/ɑi/	アルファベット読み	1
	③	l	/l/	1字つづりの子音	21
	④	d	/d/	1字つづりの子音	12
	⑤	h	/h/	1字つづりの子音	17
	⑥	oo	/u/	母音ペア②	48
	⑦	d	/d/	1字つづりの子音	12

▶⑤⑥⑦　接尾辞の -hood は、状態や性質を表す名詞を作る語です。ネイティブの子どもたちは、接頭語や接尾語をフォニックス学習の一環として学びます。ちなみにアメリカで使われている小学校6年生用のフォニックス教本が手元にあるのですが、ここには基本の接辞が25個も載っています。では、ここで皆さんもよく知っている接尾語をいくつか取り上げますので、ちょっと見てみましょう。

	接尾辞	単語		接尾辞	単語
1)	-ance	appearance	6)	-ive	expensive
2)	-ence	absence	7)	-ly	noisily
3)	-ful	forgetful	8)	-ment	enjoyment
4)	-hood	neighborhood	9)	-ship	friendship
5)	-ity	visibility	10)	-y	rusty

1)外見、2)不在、3)忘れっぽい、4)近所、5)視界、6)(値段が) 高い、7)大きな音を立てて、8)喜び、9)友情、10)錆びついた

例えば、appearance は動詞の appear、rusty は名詞の rust からの派生語です。フォニックス学習に関して言えば、ネイティブの子どもたちも b や p といった基本のルールから始まり、学年が上がるにつれて複雑な言葉を覚えていくようになります。私たちも頑張りましょう！

単語		つづり字	発音記号	フォニックス・ルール	ルール番号
honest（率直な）	①	h	-	読まない	-
	②	o	/ɑ/	1字つづりの母音	5
	③	n	/n/	1字つづりの子音	20
	④	e	/ə/	弱母音	86
	⑤	st	/st/	子音混合音	53

▶① honestのhは黙字ですので読みません。なお、準ルールのwhがありますが、これはwではなくhのほうを読むというものです。whにoが続くことが条件となります。

・黙字のh ➡ honest（正直な）、hour（時間）、honor（名誉）、heir（相続人）
・黙字のw ➡ who（誰）、whose（誰の）、whole（全体の）、whom（誰を）

黙字のhの単語からhを取ってしまうと、新たな言葉遊びが楽しめます。hourはour（私たちの）、heirはair（空気）に。ならばhonorはownerといきたいところですが、honorの母音は「ア」、ownerは「オゥ」のため同音異義語ではありません。前者の母音は/ɑ/、後者は/ou/です。

音声変化をマスターしよう！〜ストーリーからピックアップ〜

音声をよく聞き、英文を声に出して言ってみましょう。

1 Kate and I are childhood friends.
2 We were born in the same hospital.
3 Kate is so special.
4 We're of quite different characters.
5 This makes good chemistry between us.

	ターゲット	フォニックスナビ	発音記号	変化のタイプ
1	and I	d + I	/d ɑi/	**連結**
2	born in	n + i	/n i/	**連結**

3	Kate is	t + i	/t i/	**連結**
4	we're of	we're + o	/wiər ə/	**短縮** **連結**
5	between us	n + u	/n ə/	**連結**

1 d と l がくっついて「アンダィ」に。

2 n と i がくっついて「ボーニン」になります。

3 t と i がくっついて「ケイティーズ」。このように人名でも連結は起こります。さらに T の有音化が加わると「ケイリィーズ」に。

4 re と o がくっついて「ウィアロヴ」です。we're は we are の短縮形ですね。

5 n と u がくっついて「ビトウィーンナス」に。語尾のナスは限りなく"茄子"のイメージに近いです。

ディクテーション

仕上げとして、当ユニットのストーリーを聞き、書き取ってみましょう。

Tongue Twister フォニックスと数字の早口言葉

Track 115

I'll meet the **quadruplet** in **a quarter of an hour.**

（私は 15 分後に、四つ子のうちの 1 人と会います）

UNIT 38 ｜ 気象情報会社の案内

Track 116

▶ 人物　コマーシャルのナレーター

▶ スタイル　広告案内　▶ フォーマル度　★★☆

インターネットラジオから流れてくる、オンライン企業の広告案内。抑揚があり、聞き手の注意を惹きつけるナレーションです。

Welcome to WABC Japan. We provide a wide range of weather programs including up-to-the-minute warnings for severe weather. We have seven-day forecasts with the current climate conditions all across the nation. You can listen to our radio program which alerts you when the weather strikes. Visit our website www.wabc-japan.com to get more information about the details of the services you can receive. It's completely free of charge, so don't miss this chance.

- provide（提供する）
- up-to-the-minute（最新の）
- warning（警報）
- severe（厳しい）
- current（現在の）
- climate（気候）
- alert（警報を出す）
- strike（[災害が] 起こる）
- free of charge（無料で）

WABC ジャパンへようこそ。弊社は悪天候による最新警報を含む気象情報を広く提供しています。全国の現在の気象状況のお知らせと共に、7 日間の天気予報をお届けします。天候が急変したときに警報でお伝えするラジオ番組の視聴もできます。入手可能なサービスの詳細情報につきましては、ウェブサイト www.wabc-japan.com へお越しください。完全無料ですので、この機会をどうぞお見逃しなく。

フォニックスのルールと音を✔チェック！

単語		つづり字	発音記号	フォニックス・ルール	ルール番号
severe (厳しい)	①	s	/s/	1字つづりの子音	13
	②	e	/i/	弱母音	87
	③	v	/v/	1字つづりの子音	16
	④	ere	/iər/	rつきの母音	80

▶④　日本語でも「シビア」という言葉を使いますが、英語の severe は ere に強いアクセントがあるので発音に注意が必要です。なお、/iər/ の音を持つ代表的なつづり字は eer、ear、そして ere です。beer（ビール）、deer（鹿）、hear（聞こえる）、near（近い）、here（ここ）などの単語があります。

単語		つづり字	発音記号	フォニックス・ルール	ルール番号
strikes (起こる) ※語尾のsは三単現のsです。	①	str	/str/	子音混合音	75
	②	i	/ɑi/	サイレントE ※④と連動	37
	③	k	/k/	1字つづりの子音	9
	④	e	-	読まない	-
	⑤	s	/s/	1字つづりの子音	13

▶⑤　ここでは動詞の三単現を取り上げたいと思います。確かに学校で習ったはずなのに…何となくあいまいに覚えたままここまで来てしまったという方もいらっしゃるのではないでしょうか。三単現にも読み方のルールがちゃんとあるのです。

	動詞の三単現のルール	単語の例
(1)	語の終わりの音が /f/ /k/ /p/ /t/ /θ/ のとき ➡ /s/ になる。	strikes /ks/
(2)	語の終わりの音が /s/ /z/ /ʃ/ /ʒ/ /tʃ/ /dʒ/ のとき ➡ /iz/ になる。	wishes /ʃis/

(3)	上記以外なら　➡/z/になる。	tells /lz/

(1) はすべて無声音ですので、声に出したときに喉は震えません。(2) は有声音と無声音の混合ですね。実は、/s/ と /z/、/ʃ/ と /ʒ/、/tʃ/ と /dʒ/ はいずれも同じ口のかたちで作る有声＆無声のペアになっています。

では、p. 232 の英文に登場する動詞で読み方の確認をしていきましょう。

(1) /s/ になる単語

- alerts
- strikes
- gets
- visits

(3) /z/ になる単語

- welcomes
- provides
- includes
- listens
- receives

(2) /iz/ になる単語

- misses

なお、alerts、gets、visits、provides と includes は発音に注意が必要です。以前、初級クラスで friends を " フレンドズ " と読んでしまった方がいました。d の後の s は「ズ」なのですから当然のように思えますが、しかしながら…ds（/dz/）で 1 音、同様に visits も ts（/ts/）で 1 音扱いです。ts は「ツ」、ds は「ズ」に似た音なのです。

音声変化をマスターしよう！～ストーリーからピックアップ～

音声をよく聞き、英文を声に出して言ってみましょう。

1 We provide a wide range of weather programs.
2 The programs include warnings for severe weather.
3 Visit our website www.wabc-japan.com.
4 Get more information about the details of the services.
5 Don't miss this chance.

	ターゲット	フォニックスナビ	発音記号	変化のタイプ
1	provide a	d + a	/d ə/	**連結**
2	severe	-	/sivíər/	**カタカナ**
3	visit our	t + our	/t auər/	**連結** **有音のT**
4	get more	t + m	/t m/	**脱落**
5	don't miss	t + m	/t m/	**脱落**

1 dとaがくっついて「プロヴァイダ」に。なお、provideのeは黙字ですので、実際はdとaの連結になります。

2 カタカナ発音に注意！　シビアではなく「スィヴィア」。強いアクセントは下線部分にあります。

3 tとourがくっついて「ヴィズィラワ」に。visitのtが「ラ」になっています。Tを有音化させない場合は「ヴィズィタワ」です。

4 tとmが隣り合うと、tの音が落ち「ゲッモア」に。

5 4と同じくtとmが隣り合うと、tの音が落ち「ドンッミス」になります。

ディクテーション

仕上げとして、当ユニットのストーリーを聞き、書き取ってみましょう。

Tongue Twister　フォニックスと数字の早口言葉

Track 117

Bob spends $520 a month on food that includes dairy, too.

（ボブも乳製品を含む食費に1カ月520ドルを費やします）

※ $520（five hundred twenty dollars）

UNIT 39 | カオニャオ・マムアン

Track 118

▶人物　フードライター
▶スタイル　雑誌の記事　▶フォーマル度　★★☆
食レポを専門とするライターが、タイの有名なデザート「カオニャオ・マムアン」のレシピや特徴について解説しています。

Mango sticky rice (Khao Niao Mamuang) is one of the most famous desserts in Thailand. It's made with sticky rice, coconut milk, sugar and fresh sweet mangos. It's consumed especially during the summer when mangos are in season. Traditionally, sticky rice is the staple food of Thai cuisine, however, it's commonly used in many kinds of Thai desserts, too. Explore the local food market and try this authentic dessert. I'm sure you'll definitely love it!

- sticky rice（もち米）
- consume（食する、消費する）
- in season（[果物や野菜などが] 旬の）
- traditionally（伝統的に）
- staple（主要な）
- explore（探検する、探索する）
- authentic（本物の、正真正銘の）

マンゴー・ステッキー・ライス（カオニャオ・マムアン）は、タイで最も有名なデザートの1つです。もち米、ココナッツミルク、砂糖、そして甘くてフレッシュなマンゴーで作られます。特にマンゴーが旬の夏季に食されます。伝統的には、もち米はタイ料理の主食ですが、さまざまな種類のタイのデザートにも用いられます。ぜひとも現地のフードマーケットを探索し、正真正銘のおいしいデザートにトライしてみてください。絶対に好きになるはずです！

フォニックスのルールと音を✔チェック！

単語		つづり字	発音記号	フォニックス・ルール	ルール番号
dessert（デザート）※本文では複数形です。	①	d	/d/	1字つづりの子音	12
	②	e	/i/	弱母音	87
	③	ss	/z/	zと読むs（2字1音）	97
	④	er	/əːr/	rつきの母音	79
	⑤	t	/t/	1字つづりの子音	11

▶④ dessert（デザート）は第2音節に強勢がありますが、desert（砂漠）は第1音節のほうを強く読みます。そうです、この2つは似て非なる単語なのです。ちなみに、desert は品詞が変わるとアクセントの位置も移動します。

・desert（名詞） /désərt/ 砂漠 前のほうを強く読む！
・desert（動詞） /dizə́ːrt/ 見捨てる 後ろのほうを強く読む！

このように名詞と動詞で品詞が変わるとき、名詞では第1音節に、動詞では第2音節に強アクセントがつくことが多いので、あわせて覚えておきましょう。すでにお気づきの方もいると思いますが、dessert（デザート）と desert（見捨てる）は同音異義語（発音記号はどちらも /dizə́ːrt/）です。

なお、強く読むアクセントの位置は、あいにく自分で勝手に決めたり変えたりすることができませんが、朗報としては音読の練習が役に立つということ。声を出すことで、耳が音を記憶し、定着率が上がっていきます。「これってどう読むんだったっけ…」と疑問に思ったら、まずは辞書を引き、声に出して読んでみる。そして、飛び込んでくる音が耳に心地良いか、なじみがあるか、やや感覚的な判断にはなりますが、そういった感性を養うことが重要なのです。

では、品詞によってアクセントの位置が変わる単語を見ていきましょう。

名詞（第1音節に強アクセントがあります）	強母音	意味		動詞（第2音節に強アクセントがあります）	強母音	意味
conduct	/ɑ/	行為		conduct	/ʌ/	行う
desert	/e/	砂漠		desert	/əːr/	見捨てる
export	/e/	輸出		export	/ɔːr/	輸出する
import	/ɪ/	輸入	➡	import	/ɔːr/	輸入する
increase	/ɪ/	増加		increase	/iː/	増える
object	/ɑ/	物体		object	/e/	反対する
permit	/əːr/	許可証		permit	/ɪ/	認める
progress	/ɑ/	進歩		progress	/e/	進歩する
project	/ɑ/	計画		project	/e/	予測する
record	/e/	記録		record	/ɔːr/	記録する
transfer	/æ/	転勤		transfer	/əːr/	転勤する

音声変化をマスターしよう！～ストーリーからピックアップ～

音声をよく聞き、英文を声に出して言ってみましょう。

1 It's made with sticky rice and coconut milk.
2 Sticky rice is the staple food of Thai cuisine.
3 It's commonly used in many kinds of Thai desserts.
4 Explore the local food market.
5 Try this authentic dessert.

	ターゲット	フォニックスナビ	発音記号	変化のタイプ
1	coconut	-	/kóukənʌ̀t/	**カタカナ**
2	rice is	c + i	/s i/	**連結**
3	used in	d + i	/d i/	**連結**
4	local	-	/lóukəl/	**カタカナ**

5	try	-	/trai/	**カタカナ**

1 カタカナ発音に注意！　ココナッツではなく「コゥコナット」です。ただし、語尾のt（「ト」の箇所）は、音がほとんど落ちてしまうため、実際は「ッ」のように響きます。日本語のココナッツはcoconuts（複数形）の読み方になっていますね。
2 cとiがくっついて「ライスィズ」に。riceのeは黙字なので、c（やわらかいC）とiの連結になります。
3 dとiがくっついて「ユーズディン」に。
4 カタカナ発音に注意！　ローカルではなく「ロウコォゥ」。語尾のlは暗いLです。
5 カタカナ発音に注意！　トライではなく「チョライ」。trは子音混合音のRグループです。

ディクテーション

仕上げとして、当ユニットのストーリーを聞き、書き取ってみましょう。

Tongue Twister　フォニックスと数字の早口言葉

Track 119

I eat ice cream for dessert in the desert **as quickly as I can.**
（私は砂漠にて、デザート用のアイスクリームを即行で食べる）

UNIT 40 | プレゼン

Track 120

▶ 人物　　マーケティング部のスタッフ

▶ スタイル　プレゼン　　▶ フォーマル度　★★☆

営業利益に関するプレゼンを行っているマーケティング部の社員が、データの詳細について説明をしています。

Now, let's move on to the next slide. This pie chart shows our profits in the last two fiscal years. I've highlighted significant numbers in yellow and green respectively. Also, you can easily see the months in boldface, which we, the marketing team, think are the most important months for placing advertisements. All right, that's about it. If you have any questions, raise your hand. Jane is going to hand out the hardcopy of the slide, so you can refer to the details.

- pie chart（円グラフ）
- profit（利益）
- fiscal year（会計年度）
- significant（重要な）
- respectively（それぞれ）
- boldface（太字）
- place（[広告を］掲載する）
- hardcopy（印刷したデータ）

では、次のスライドに移りたいと思います。この円グラフは過去２年間の事業年度の利益を表しています。重要な数字はそれぞれ黄色と緑でハイライトしておきました。また、太字の月がありますが、これは広告掲載について当マーケティングチームが最も重要であると思う箇所を示しています。では、以上です。質問があれば、挙手をお願いします。ジェーンがコピーをお渡ししますので、詳細についてはそちらをご参照ください。

フォニックスのルールと音を✔チェック！

単語		つづり字	発音記号	フォニックス・ルール	ルール番号
pie（パイ）	①	p	/p/	1字つづりの子音	7
	②	ie	/ɑi/	母音ペア①	42

▶② pieのieは母音ペア①ですが、どちらの文字を読んでいると思いますか。そうですね、答えはiのほうですね。なお、ieにはもう1つの読み方があります。fieldのieがそれにあたりますが、こちらはeのほうを読みます。

母音ペア①の基本的な考え方は「2つの文字のうち、最初の文字をアルファベット読みし、後ろの文字は読まない」というものですが、ieに関しては、つづり字をそれぞれアルファベット読みすることができるのです。

なお、receive（受け取る）はieを入れ替えたei。eiは準ルール扱いで、eをアルファベット読みします。ただし、heightは例外扱いでiのほうをアルファベット読みします。

1）field（分野） ➡ 後ろのeをアルファベット読みする。
2）pie（パイ） ➡ 前のiをアルファベット読みする。
3）receive（受け取る） ➡ 前のeをアルファベット読みする。
4）height（高さ） ➡ 後ろのiをアルファベット読みする。※ただし例外扱い。
※2)のieは、fliesやfriedなど規則動詞の変化形に現れることの多いつづり字です。

eightのeiに引っ張られてheightを「ヘイト」と読んでしまう人が少なからずいるようですが、heightの母音は「アィ」（/ɑi/）なので気をつけましょう。

単語		つづり字	発音記号	フォニックス・ルール	ルール番号
two（2）	①	t	/t/	1字つづりの子音	11
	②	wo	/uː/	例外	100

▶② two, too, toは単語自体は簡単に見えても、発音をし分けるのがなかなか難しい。というのも、母音が文の中で微妙なユレを見せるからです。それぞれの単語の母音を発音記号で表すと、twoは/uː/、tooも/uː/、そしてtoを強く言うときも

/uː/。つまり、ある条件のもとでは、この3つは同じ音だと言えるのです。しかしながら、ある条件というのがポイントで、to に関しては通常“弱く”発音されるものなのです。このような単語は機能語と呼ばれ、文法上必要ではあるけれども、意味的にさほど重要ではない場合、弱形になるというのが原則です。ところが、日本人は弱形にするべき場面でも強形にしてしまう傾向があるようです。2時2分前は two to two と言いますが(2時に向かってあと2分という意味)、この to を強く言ってしまうと two two two に聞こえます。これでは2の羅列になってしまいます！

音声変化をマスターしよう！～ストーリーからピックアップ～

音声をよく聞き、英文を声に出して言ってみましょう。

1 Let's move on to the next slide.
2 This pie chart shows our profits.
3 That's about it.
4 If you have any questions, raise your hand.
5 Jane is going to hand out the hardcopy of the slide.

	ターゲット	フォニックスナビ	発音記号	変化のタイプ
1	move on	v + o	/v ɑ/	**連結**
2	shows our	s + our	/z ɑuər/	**連結**
3	about it	t + i	/t i/	**連結** **有音のT**
4	have any	v + a	/v e/	**連結**
5	hand out	d + ou	/d ɑu/	**連結**

1 v と o がくっついて「ムーヴォン」に。move の o は例外のつづり字で /uː/（「ウー」）と発音します。

2 s と our がくっついて「ショウザワ」になります。

3 t と i がそれぞれくっついて「アバウリッ」に。なお、T を有音化させない場合は「アバウティッ」です。

4 v と a がくっついて「ハヴェニ」に。have の e は黙字なので、v と a が連結します。

5 d と ou がくっついて「ハンダウッ」に。

ディクテーション

仕上げとして、当ユニットのストーリーを聞き、書き取ってみましょう。

Tongue Twister　フォニックスと数字の早口言葉

Track 121

Let's meet up at two to two, so don't be late.

(2時2分前に会いましょう。なので、遅刻しないでね)

UNIT 41 | スーパー・フローレス・プレーヤー

Track 122

▶ 人物　新聞部に所属する学生

▶ スタイル　ウェブ記事　▶ フォーマル度　★☆☆

メジャーリーガーになることを夢見る野球選手との取材を元に、新聞部の学生が記事をまとめました。

Ken is one of the best baseball players in school. Athletes spend a lot of time working out to build physical strength, overcome their weaknesses and so on. Obviously, he's one of them. But Ken is unlike any other player. His dream is to play in the MLB and to be a star player. So, he studies English hard to make it happen. In the morning, he reads books. After lunch, he memorizes words and phrases. What's more, he has an online English lesson every evening. He can manage time efficiently. Of course, he's become so fluent in English. One day his dream will come true. Everyone calls him SFP or "Super Flawless Player!"

- work out（体を鍛える、練習する）
- physical（身体の）
- make it happen（［夢や目標を］実現させる）
- flawless（完璧な）

ケンは学内で最も優れた野球選手の１人である。運動選手は身体的強さを鍛えるために練習を行ったり、弱点の克服などに多くの時間を費やしたりする。明らかに、彼もそのうちの１人だ。だが、ケンは他のどの選手とも違う。彼の夢はメジャーリーグでプレイし、スター選手になることだ。なので、彼は自分の夢を叶えるために、一生懸命英語を勉強している。朝は本を読む。昼食後は単語やフレーズを暗記する。さらに、毎晩オンラインで英語のレッスンを受講する。彼は時間を効率的に使うことができるのだ。もちろん、彼は英語がとても流暢になった。いつか、彼の夢は叶うだろう。みんなは彼のことをSFPと呼んでいる。そう、完全無欠のプレーヤーと。

フォニックスのルールと音を✔チェック！

単語		つづり字	発音記号	フォニックス・ルール	ルール番号
tíme（時間）	①	t	/t/	1字つづりの子音	11
	②	i	/ɑi/	サイレントE ※④と連動	37
	③	m	/m/	1字つづりの子音	19
	④	e	-	読まない	-

▶②④　サイレントEのルールは、語尾が「母音＋子音＋e」のとき、母音をアルファベット読みしeは読まないというものですが、ルールに該当しないものもあります。下記にはルールに当てはまらない単語が1つあるので探してみましょう。

1）athlete
2）time
3）unlike
4）make
5）memorize
6）phrase
7）online
8）manage

答えは8)のmanage、発音記号は/mǽnidʒ/です。仮にサイレントEのルールが当てはまるとすれば「マネィジ」になるはずですが、残念ながら適用外。「マニッジ」と発音します。実はこのmanageはルール98の接尾辞のageに該当し、下線部分の読み方は/idʒ/になるのです。なお、このリストには入っていませんが、comeのoも例外扱いのつづり字で「ア」と読みます。

単語		つづり字	発音記号	フォニックス・ルール	ルール番号
effíciently（効率的に）	①	e	/i/	弱母音	87
	②	ff	/f/	1字つづりの母音（2字1音）	15
	③	i	/ɪ/	1字つづりの母音	4
	④	ci	/ʃ/	shと読むci	97
	⑤	e	/ə/	弱母音	86
	⑥	n	/n/	1字つづりの子音	20
	⑦	t	/t/	1字つづりの子音	11
	⑧	ly	/li/	語尾のly	95

④　弱母音の前の ci は sh の音になりますので、efficient の音をつづり字で表すと *effishent* となります（赤い文字の箇所が弱母音です）。なお、sh と読むつづり字の組み合わせは ci の他に、si, ti, ce などがあります。

shと読むつづり字			
つづり字	発音記号	単語	意味
ci	/ʃ/	ancient	古代の
si		mansion	大邸宅
ti		station	駅
ce		ocean	海洋

このうち si は /ʒ/ との比較が可能です。こちらも同様に、弱母音の前にあることが前提条件です。

siの2つの読み方			
つづり字	発音記号	単語	意味
si	/ʃ/	pension	年金
		tension	緊張
	/ʒ/	confusion	混乱
		television	テレビ

こうやって見ると、-sion の形で 2 つの読み方があることがわかります。/s/ と /ʒ/ は同じ口のかたちで作る有声音と無声音のペアでしたね！

音声変化をマスターしよう！～ストーリーからピックアップ～

音声をよく聞き、英文を声に出して言ってみましょう。

1 Ken is one of the best baseball players in school.
2 Athletes spend a lot of time working out.
3 Ken is unlike any other.
4 He has an online lesson every evening.
5 He's become so fluent in English.

	ターゲット	フォニックスナビ	発音記号	変化のタイプ
1	baseball	-	/béisbɔ̀:l/	**カタカナ**
2	spend a	d + a	/d ə/	**連結**
3	unlike any	k + a	/k e/	**連結**
4	has an online	s + a n + o	/z ə/ /n ɑ/	**連結**
5	fluent in English	t + i n + e	/t i/ /n i/	**連結**

1 カタカナ発音に注意！　ベースボールではなく「ベィスボーゥ」です。日本語では base の母音が伸びていますが、英語では二重母音です。

2 d と a がくっついて「スペンダ」に。

3 k と a がくっついて「アンライケニ」に。like の e は黙字ですので、k と a が連結します。

4 s と a、n と o がそれぞれくっついて、全体では「ハザァノンライン」になります。

5 t と i、n と e がそれぞれくっついて、全体では「フルエンティニングリッシュ」に。

ディクテーション

仕上げとして、当ユニットのストーリーを聞き、書き取ってみましょう。

Tongue Twister　フォニックスと数字の早口言葉

Track 123

The ancient castle was built by the ocean in **the first half of the 19th century.**

（その城は19世紀前半に海のそばに建てられた）

フォニックス・クイズ | UNIT 34 ▶ 41

間違ったつづり字は音の誤変換によるものです。そこで、「和訳」と「間違ったつづり字」を線で結び、「正しいつづり字」に直していきましょう。

クイズ 1

和訳	間違ったつづり字	正しいつづり字
① 「加える」の過去形・	・pigh	[ ]
② デザート・	・kople	[ ]
③ パイ・	・nekst sprin	[ ]
④ 一対・	・adid	[ ]
⑤ 効率的に・	・sevear	[ ]
⑥ 来年の春・	・desert	[ ]
⑦ 珍しい・	・efishentli	[ ]
⑧ 厳しい・	・rair	[ ]

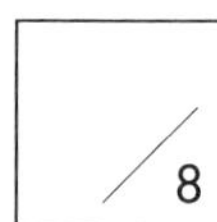

答え

クイズ 1

① 「加える」の過去形	adid	→	[added]
② デザート	desert	→	[dessert]
③ パイ	pigh	→	[pie]
④ 一対	kople	→	[couple]
⑤ 効率的に	efishentli	→	[efficiently]
⑥ 来年の春	nekst sprin	→	[next spring]
⑦ 珍しい	rair	→	[rare]
⑧ 厳しい	sevear	→	[severe]

クイズ 2

和訳	間違ったつづり字	正しいつづり字
① 2・	・chieldhud	[ ]
② 「起こる」の三単現・	・tim	[ ]
③ 若い・	・streicks	[ ]
④ 率直な・	・fownd	[ ]
⑤ 時間・	・onest	[ ]
⑥ 子ども時代・	・to	[ ]
⑦ 「見つける」の過去形・	・yong	[ ]

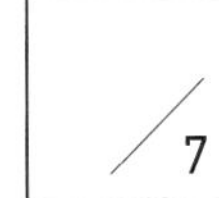

1 フォニックス・ルール

2 ダイアローグを音読する

3 文章を音読する

答え

クイズ 2

① 2	to	→	[two]
② 「起こる」の三単現	streicks	→	[strikes]
③ 若い	yong	→	[young]
④ 率直な	onest	→	[honest]
⑤ 時間	tim	→	[time]
⑥ 子ども時代	chieldhud	→	[childhood]
⑦ 「見つける」の過去形	fownd	→	[found]

UNIT 34▶41 のまとめ

	タイトル	学んだこと1	学んだこと2
UNIT 34	運命の出会い	**young** **ou** は /ʌ/ になることがある。	**next spring** 母音の前では3つ、母音の後では4つまで子音の連結が可能である。
UNIT 35	おばあちゃんのスケッチブック	**found** /ɑu/ の規則的なつづり字は **ou** と **ow** である。	**added** 規則動詞の過去形および過去分詞の **-ed** には3つの音のルールがある。
UNIT 36	壊れたカメラ	**couple** **ou** には4つの読み方がある。	**rare** **are** と **ear**、**eer** には読み方に関連性がある。
UNIT 37	幼なじみ	**childhood** ネイティブの子どもたちは接頭語や接尾語をフォニックス学習の一環として学ぶ。	**honest** 語頭の **h** はしばしば黙字になる。なお、**wh** に **o** が続くとき、**w** は読まないことが多い。
UNIT 38	気象情報会社の案内	**severe** **severe** は **ere** を強く読むため、日本語の「シビア」とは響きが異なる。	**strikes** 三単現の **s** には3つの音のルールがある。

	タイトル	学んだこと1	学んだこと2
UNIT 39	カオニャオ・マムアン	**dessert** 品詞（名詞⇄動詞）が変わると強勢の位置が移動する。	
UNIT 40	プレゼン	**pie** **ie** のつづり字には 2 通りの読み方（**i** のアルファベット読み / **e** のアルファベット読み）がある。	**two** **to** の母音を強く発音してしまうと数字の 2（**two**）に聞こえてしまうので注意が必要。
UNIT 41	スーパー・フローレス・プレーヤー	**time** 語尾が「母音+子音+ **e**」であっても、サイレント **E** のルールが必ずしも適用されるとは限らない。	**efficiently** 弱母音の前の **ci** は **sh** の音になる。

UNIT 42 | プロポーズで超緊張

Track 124

▶ 人物　　同僚を心配する男性

▶ スタイル　トーク　　▶ フォーマル度　★☆☆

パブでのひとコマ。お酒を片手に気持ちが高揚してきたのか、炸裂するノンストップ・トーク。聞き手役は皆さんです。

There's been something awkward about Matt lately and for that reason I suggested that we go for a drink together. With a sip of beer, he finally started talking about his problem. It took him a while to come clean, because leveling even with your best friend isn't easy at all, you know. Finally, a weight was lifted off his shoulders. Well, what he called a problem wasn't really a problem. He's proposing to Karen next week and is feeling awfully tense when thinking about whether she would accept or not. Don't worry, Matt. All of my friends for whom I played Cupid have successfully tied the knot!

- awkward（ぎこちない、［様子が］変だ）
- sip（一口）
- level with（〜に正直に話す）
- come clean（胸の内を伝える）
- tense（緊張した）
- play Cupid（恋の橋渡し役をする）　※直訳すると「キューピット役を演じる」。
- tie the knot（結婚する）

近頃のマットは何やら様子がおかしいので、飲みに行こうと提案した。ビールを一口すすり、ついに彼は悩みを語り始めた。心の内を伝えるのにしばらくの時間を要したよ。なぜなら親友にだって正直に話すのは決して簡単なことじゃないからね。やっとのことで、肩の荷が下りたようだ。実は、彼の言う問題は問題というほどのものではなかったんだ。来週、カレンにプロポーズをする予定なのだけれど、イエスかノーかを考えただけでとてつもなく緊張してしまうらしい。心配するな、マット。僕が恋の橋渡しをした友人はみんな結婚しているよ！

フォニックスのルールと音を✓チェック！

単語		つづり字	発音記号	フォニックス・ルール	ルール番号
awkward（ぎこちない）	①	aw	/ɔː/	母音ペア②	50
	②	k	/k/	1字つづりの子音	9
	③	war	/wər/	準ルール	99
	④	d	/d/	1字つづりの子音	12

▶①③　aw は母音ペア②のつづり字で「オー」と読みますが、「アー」の音色も備えています。なお、war- は w が魔法をかけて ar を「オーァ r」（/ɔːr/）にしますが、awkward の ar は弱音節にあるため母音も弱化し「ァ」（/ər/）のように発音します。

w + 母音の魔法には種類がいくつかありますので、一覧にしておきますね。

	単語	意味	発音記号	読み方	メモ
1)	ward	区	/ɔːr/	オーァ r	/ɑːr/ ではない！
2)	work	働く	/əːr/	ァ r	/ɔːr/ ではない！
3)	want	ほしい	/ɑ/	ア	/æ/ ではない！
4)	won	win（勝つ）の過去形	/ʌ/	ア	/ɑ/ ではない！

なお、swan（白鳥）は 3)にぴったり当てはまります。しかしながら、swam（泳いだ）には変化が起こらずに /æ/ のまま。このように必ずしもすべての単語に当ルールが適用されるとも限らないのですが、それでも基本的な単語の多くに見られる変調現象ですので、ぜひとも覚えておいておきたいところです。

単語		つづり字	発音記号	フォニックス・ルール	ルール番号
accept （受け取る）	①	a	/ə/	弱母音	86
	②	c	/k/	1字つづりの子音	9
	③	c	/s/	1字つづりの子音	13
	④	e	/e/	1字つづりの母音	3
	⑤	p	/p/	1字つづりの子音	7
	⑥	t	/t/	1字つづりの子音	11

▶②③　cc の後に e または i が続くとき、cc は「クス」（/ks/）と読むというフォニックスのルールがあります。このとき、最初の c はかたい C、2つ目の C はやわらかい C で換算します。p. 252 の英文に出てくる accept や successfully などがこのルールにあたります。では、他にどのような単語があるか見てみることにしましょう。※下線部分が /ks/ と読む箇所です。

・accent（アクセント）
・access（アクセス権）
・accessory（アクセサリー）
・accident（事故）
・eccentric（風変わりな）
・vaccine（ワクチン）

cc = /ks/ と覚えておいてくださいね。余談ではありますが、以前リスニングのテストを行った際に vaccine（ワクチン）を「バックスイング」と解答した方がいらっしゃいました。vaccine は第2音節に強勢があるため「スィーン」のほうを強く読まなくてはならないのですが、おそらくは、ヴァクスィーンとバックスイングのはざまで悩んだのだと想像します。文脈からつじつまが合わなかったのか、解答欄の横に小さく（なんのこっちゃ）と書かれていたのが今でも忘れられません。

音声変化をマスターしよう！〜ストーリーからピックアップ〜

音声をよく聞き、英文を声に出して言ってみましょう。

1 I suggested that we go for a drink together.
2 He finally started talking about his problem.
3 It took him a while to come clean.
4 A weight was lifted off his shoulders.

5 What he called a problem wasn't really a problem.

	ターゲット	フォニックスナビ	発音記号	変化のタイプ
1	for a	or + a	/ər ə/	**連結**
2	his	-	/(h)iz/	**弱形**
3	took him	k + (h)im	/k (h)im/	**連結** **弱形**
4	shoulder	-	/ʃóuldər/	**カタカナ**
5	called a	d + a	/d ə/	**連結**

1 or と a がくっついて「フォラ」になります。

2 his はたいてい文中では弱くなるため「イズ」に。ただし、ゆっくりめに言ったり、文脈のなかで意味を強調するときは「ヒズ」になります。

3 2 と同様に him も文中では h の音が落ちる傾向にあるため、took の k と him の i がくっついて「トゥッキム」に。

4 カタカナ発音に注意！ ショルダーではなく「ショウルダァ」です。日本語では「ショー」のように音が伸びますが、英語は o のアルファベット読み、つまり二重母音です。

5 d と a がくっついて「コーゥダ」に。

Tongue Twister フォニックスと数字の早口言葉

Track 125

A man who worked in that ward won a horse race and bought a house for 66,528,900 yen!

（その区に勤める男性は馬券に当たり、なんと 66,528,900 円で家を買った！）

※ 66,528,900 yen（sixty-six million five hundred twenty-eight thousand nine hundred yen）

UNIT 43 | お買い得情報

Track 126

▶人物　スーパーの店員

▶スタイル　アナウンス　▶フォーマル度　★★☆

スーパーの店内アナウンス。全体的にゆっくりとしたトーンですが、数字は特に重要な情報ということで、はっきりと読まれています。

Good afternoon, shoppers. We'd like to inform you today about some of our fantastic in-store offers. This week only, 10% off all women's fashion including our current autumn collection. Spend $100 or more in our electronics department and get a coupon worth $10 off for your next purchase in any of our stores. Buy one get one free on our Mario selection of frozen food. For details of all these offers and many more, please pick up our weekly flyer from the customer service desk for some tips on better, wiser shopping.

- shopper（買い物客）
- inform（伝える）
- in-store（店内の）
- electronics department（家電売り場）
- Buy one get one free（1つ買うともう1つもらえる）
- flyer（チラシ）　※ flier とつづることもあります。
- tip（ヒント、情報）

いらっしゃいませ、お買い物中の皆様。本日は当店よりすばらしいご案内につきましてお知らせ申し上げます。最新の秋物コレクションの女性服は今週に限り10%オフとなります。家電コーナーにて100ドル以上のお買い物をされたお客様には、次回当店でのお買い物の際にご利用いただける10%オフのクーポンを差し上げます。マリオ・セレクションの冷凍食品は、1つご購入いただくともう1つが無料です。より良く、より賢くお買い物をしていただくための情報として、これらの商品および他の詳細につきましては、カスタマーサービス・デスクにございます週刊チラシをお取りください。

フォニックスのルールと音を✔チェック！

単語		つづり字	発音記号	フォニックス・ルール	ルール番号
purchase（購入）	①	p	/p/	1字つづりの子音	7
	②	ur	/əːr/	rつきの母音	79
	③	ch	/tʃ/	2字つづりの子音	27
	④	a	/ə/	弱母音	86
	⑤	s	/s/	1字つづりの子音	13
	⑥	e	-	読まない	-

▶ ④⑥　見た目は purchase もサイレント E のかたちを取っていますが、それには該当しません。まず、第1音節の母音（下線部分）に強いアクセントがあるため、s の直前の a は弱母音になってしまっています。UNIT 41 に出てきた manage もそうでしたね。なお、purchase のように複音節の単語は第1音節に強勢があるものが多いのですが、接尾辞はなかなかユニークな特徴を持っており、それ自身に強勢がついている場合がありますので、いくつか例を取り上げてみたいと思います。

接尾辞	単語　（太字が強勢の位置です）	
-ee	interviewee（面接を受ける人）	absentee（欠席者）
-teen	sixteen（16）	canteen（食堂）
-eer	mountaineer（登山家）	volunteer（ボランティア）
-ever	whichever（どちらでも）	wherever（どこでも）

※ -ee は「被…」「…者」、-eer は「…する人」という意味を作ります。

ではここで、左ページの英文から複音節の単語を抽出し、強勢の位置を確認しておきましょう。単語ごとに音節の数が違いますが、視覚的に理解しやすいよう、第1音節に強勢があるものはあたま、最後の音節に強勢があるものはうしろ、それ以外はまんなかという表現で統一したいと思います。（強く読む部分に下線を引いてい

ます）

あたま（計17個）

・autumn
・better
・coupon
・current
・customer
・fashion
・flyer
・frozen
・ladies
・offers
・purchase
・service
・shoppers
・shopping
・weekly
・wiser
・women

まんなか（計6個）

・collection
・department
・electronics
・fantastic
・including
・selection

うしろ（計3個）

・afternoon
・inform
・today

なお、detail は地域性や話者によって強勢の位置が変わることがあるため、こちらのリストには含めておりません。

単語		つづり字	発音記号	フォニックス・ルール	ルール番号
tip（ヒント）※本文では複数形です。	①	t	/t/	1字つづりの子音	11
	②	i	/ɪ/	1字つづりの母音	4
	③	p	/p/	1字つづりの子音	7

▶① 本文では tip は「ヒント、情報」という意味で使われています。その他にも、レストランの接客係に渡す心づけを「チップ」と言いますが、英語の発音は「ティップ」です。これと同様にありがちなミステイクが、team の発音。UNIT 13 でも学びましたが、「チーム」ではなく「ティーム」でしたね。フォニックスの t の音に忠実に従って発音すればよいのですが、問題点はローマ字の表記にあります。タ行の子音字は複雑怪奇で、ta, chi, tsu, te, to のように、3つの子音字が使い分けられています。「タ行のイ段」のとき、日本人の口に何が起きているかというと、ずばり、ch の口になってしまっています。よって、tip は *chip*、team は *cheam* にすり替わっ

てしまうというわけです。

単語	発音記号	英語の発音	カタカナ英語の発音
tip	/tip/	ティップ	チップ（= *chip*）
team	/tiːm/	ティーム	チーム（= *cheam*）

ちなみに、chip は chips（複数形）で「ポテトチップス」という意味ですので、すっかり別物になってしまいます！

team や tip の他にも、t を「チ」と読むカタカナ英語があります。ここでは、そのうちのいくつかを取り上げ、音の違いを比較したいと思います。なお、romantic のカタカナ英語は「ティ」と「チ」の両方が使われる傾向にありますが、より英語の音に近いのは「ティ」のほうですね。

	単語	英語の発音	カタカナ英語の発音
1)	anti-	アンティ	アンチ
2)	centimeter	センティミーター	センチメートル
3)	etiquette	エティケット	エチケット
4)	multi	マゥティ	マルチ
5)	romantic	ロマンティック	ロマンチック
6)	steam	スティーム	スチーム
7)	Tibet	ティベット	チベット
8)	ticket	ティケット	チケット

centimeter の meter の部分は、英語とカタカナ英語では読み方がかなり異なりますので注意しましょう。

音声変化をマスターしよう！～ストーリーからピックアップ～

音声をよく聞き、英文を声に出して言ってみましょう。

1 Good afternoon, shoppers.

2 We'd like to inform you about some of our fantastic offers.
3 This week only, 10 percent off all women's fashion.
4 Get a coupon worth $10 off for your next purchase.
5 Please pick up our weekly flyer.

	ターゲット	フォニックスナビ	発音記号	変化のタイプ
1	good afternoon	d + a	/d æ/	**連結**
2	some of our	m + o f + our	/m ə/ /v ɑuər/	**連結**
3	percent off	t + o	/t ɔ/	**連結**
4	get a	t + a	/t ə/	**連結** **有音のT**
5	pick up our	ck + u p + our	/k u/ /p ɑuər/	**連結**

1 d と a がくっついて「グダフタヌーン」に。話者によっては「グラ」になることも。
2 m と o、f と our がそれぞれくっついて全体では「サモヴァワ」に。
3 t と o がくっついて「パーセントフ」に。なお、本文では 10%（=10 percent）で表記されています。
4 t と a がくっつくと「ゲタ」ですが、T の有音化が起こると「ゲラ」に。
5 ck と u、p と our がそれぞれくっついて全体では「ピカッパゥワ」に。"河童"がどこかに潜んでいます。

ディクテーション

仕上げとして、当ユニットのストーリーを聞き、書き取ってみましょう。

Tongue Twister　フォニックスと数字の早口言葉

Track 127

The mountaineer says it'll be **two degrees below zero** tonight.

（その登山家曰く、今夜は零下２度になるだろう）

※ two degrees below zero（−2℃）

UNIT 44 | 退職します

Track 128

▶ 人物　タイへ移住する男性

▶ スタイル　スピーチ　▶ フォーマル度　★☆☆

長年お世話になった会社を辞める男性社員が、上司および同僚の前で退職のスピーチをしています。

I've learned a lot at this hotel and have thoroughly enjoyed my entire time here. All of my colleagues have been so amazing, you know, more than you can imagine! I'll miss you all very much but it's time for me to move on. I need a new challenge and I can't deny that I'm feeling scared to jump in at the deep end, but the time has come. I'm flying to Thailand with my wife, Sally next month and we'll soon start our small restaurant business in Phuket. Wish me luck and I wish you all happiness and every success for the future.

- thoroughly（完全に、すっかり）
- colleague（同僚）
- move on（先に進む、別のことに取り組む）
- deny（否定する）
- jump in at the deep end（未経験なことに挑戦する、見知らぬ世界に飛び込む）※川や湖など、水深の一番深いところに向かってダイブするというイメージです。

このホテルでたくさんのことを学んだし、ここで過ごしたすべての時間は本当に楽しかった。同僚のみんなはとてもすばらしいよ、君たちが想像している以上にね！　みんなのことが恋しくなるけど、前に進むときがやって来た。僕には新しい挑戦が必要なんだ。見知らぬ世界に飛び込むのは正直怖いしそれを否定したりはしない。でも、ついにそのときが来た。来週、妻のサリーと共にタイへ飛び立ち、プーケットで小さなレストラン経営をすぐに始める。どうか幸運を祈ってほしい。そして、君たちの未来の幸福と成功を心から願っている。

フォニックスのルールと音を✔チェック！

単語		つづり字	発音記号	フォニックス・ルール	ルール番号
Thailand（タイ）	①	th	/t/	例外	100
	②	ai	/ɑi/	例外	100
	③	l	/l/	1字つづりの子音	21
	④	a	/æ/	1字つづりの母音	2
	⑤	n	/n/	1字つづりの子音	20
	⑥	d	/d/	1字つづりの子音	12

▶①②　Thailandのthとaiはどちらも例外のつづり字です。thのhは読みません。the Thames（テムズ川：英国南西部からロンドンに流れる川）も同様の読み方をします。aiはaisle（通路）のようにiのアルファベット読みです。

単語		つづり字	発音記号	フォニックス・ルール	ルール番号
happiness（幸福）	①	h	/h/	1字つづりの子音	17
	②	a	/æ/	1字つづりの母音	2
	③	pp	/p/	1字つづりの子音（2字1音）	7
	④	i	/i/	弱母音	87
	⑤	n	/n/	1字つづりの子音	20
	⑥	e	/ə/	弱母音	86
	⑦	ss	/s/	1字つづりの子音（2字1音）	13

▶①　/h/は、日本語の「ハ」よりも多くの息を出して作る音です。childhoodのように語中のhであれば、息の放出量はやや少なくなりますが、happinessなどの語頭のhは手のひらをかざして言ってみたときにしっかりと息を感じることができます。一見簡単そうなのですが、日本人にとっては意識改革が必要な音です。（大げさではありません！）というのも、日本語のハ行の性質がそもそもユニークで、その個性を英語に当てはめたまま発音すると、英語とは程遠い響きになってしまうのです。では、hood（洋服のフード）を例に取ってみたいと思いますが、その前に「ハ

行」を読んでみましょう。

ハ　ヒ　フ　ヘ　ホ

声に出してみるとわかるように、「フ」はタコのように口が丸くなります。“ふしぎ”や“ふろしき”の「ふ」がそうですが、これを英語のhoodにそのまま当てはめると「ふーど」になってしまいます（これではカタカナ発音、そのままですね）。hoodの発音記号は /hud/。/h/ は口をすぼめずに、喉の奥から息を放出します。発音のコツは唇を緊張させすぎないこと。寒い日の朝、手のひらに息を吹きかけ温める（ただし、唇は丸めない！）といったイメージが近いでしょうか。なお、/u/ は短母音ですので、短く「ウッ」と言いましょう。ちなみに、表題のhappinessの「ハ」は口を大きく開けて発音すればよいので、「フ」よりも確実に難易度が下がります。これですっかり凍えた手も温まるはず。寒さ知らずのハの完成です。

音声変化をマスターしよう！～ストーリーからピックアップ～

音声をよく聞き、英文を声に出して言ってみましょう。

1 I've learned a lot at this hotel.
2 I'll miss you all very much.
3 I need a new challenge.
4 I'm flying to Thailand with my wife next month.
5 We'll soon start our small restaurant business in Phuket.

	ターゲット	フォニックスナビ	発音記号	変化のタイプ
1	lot at	t + a	/t ə/	**連結** **有音のT**
2	miss you	ss + y	/s j/	**同化**
3	need a	d + a	/d ə/	**連結**
4	next month	t + m	/t m/	**脱落**
5	start our	t + our	/t auər/	**連結** **有音のT**

1　tとaがくっついて「ララッ」になります。なお、Tを有音化させない場合は「ラタッ」

に。

2 ss と y が隣り合うと、音の変化が起き「ミシュゥ」。ss + y（/s j/）は /ʃ/ になります。

3 d と a がくっついて「ニーダ」に。

4 t と m が隣り合うと、t の音が落ち「ネクスッマンス」に。なお、month の th は息の TH です。

5 t と our がくっつくと「スターラワァ」になります。T を有音化させない場合は「スタータワァ」。

ディクテーション

仕上げとして、当ユニットのストーリーを聞き、書き取ってみましょう。

Tongue Twister　フォニックスと数字の早口言葉

Track 129

Two halves make a whole and that's the pizza we have now.

(半分が２つで１つとなり、それが我が家の今のピザ)

※ halves は half の複数形です。なお、発音は /hævz/。l は読みません。

UNIT 45 | 宿泊予約

Track 130

▶ 人物　電話オペレーター

▶ スタイル　録音メッセージ　▶ フォーマル度　★★☆

コールセンターがなかなかつながらない。順番待ちをしているお客様の気持ちを逆撫でしないよう、有益な情報の提供に加え、トーンもやや抑え気味です。

Thank you for calling ABC Reservations. All of our operators are busy at the moment, but please hold and you'll be connected as soon as an operator becomes available. Reservations for vacation and business accommodation at over 10,000 hotels worldwide can also be made through our website. Reserve your hotel before June 20 to take advantage of our unbeatable 15% summer discount deals. Check our customer reviews that can give you some tips about where you're staying. Your call is in a line and will be answered shortly. Please hold.

- reservation（予約）
- worldwide（世界中に）
- advantage（利点、強み）
- unbeatable（最高の、最強の）
- deal（特典、取り扱い）
- in a line（一列に）　※本文では、電話がつながるまで「順番待ちをしている」という意味に。
- shortly（まもなく）
- hold（[電話を] 切らずに待つ）

この度はABCリザベーションズへのお電話ありがとうございます。現在、お電話が込み合っておりますが、このままお待ちください。オペレーターが空き次第、すぐにおつなぎいたします。ご旅行や出張など、世界中にある1万件を超える宿泊施設のご予約は、ウェブサイトからも可能です。6月20日までにご予約いただいたお客様は、この夏の宿泊予約15%引き特典をご利用いただけます。宿泊先の情報につきましては、弊社のカスタマーレビューをご参考ください。まもなく電話をおつなぎいたします。このままでお待ちください。

フォニックスのルールと音を✓チェック！

単語		つづり字	発音記号	フォニックス・ルール	ルール番号
accommodation （宿泊施設）	①	a	/ə/	弱母音	86
	②	cc	/k/	1字つづりの子音 （2字1音）	9
	③	o	/ɑ/	1字つづりの母音	5
	④	mm	/m/	1字つづりの子音 （2字1音）	19
	⑤	o	/ə/	弱母音	86
	⑥	d	/d/	1字つづりの子音	12
	⑦	a	/ei/	アルファベット読み	1
	⑧	tion	/ʃən/	接尾辞の tion	98

▶② UNIT 42では、ccは「クス」（/ks/）と読むと学びましたが、実はこのつづり字にはもう1つの読み方があります。それがaccommodationのccで、ccの後にa, o, uのいずれかが続くとccは「ク」（/k/）になるのです。フォニックスのルールとして、同じつづり字の連続は1文字として換算しますので、/k/と読むccはかたいCの2字1音と考えることもできます。なお、ccの読み方は、かたいCとやわらかいCの法則がほぼそっくりそのまま反映されています。

（1） かたいCとやわらかいCのルール

- cにa, o, uのいずれかが続くと、cはかたいCになる。（例）cat（ネコ）、cost（費用）、cup（カップ）
- cにi, e, yのいずれかが続くと、cはやわらかいCになる。（例）city（市）、center（中央）、cycle（循環）

（2） ccのルール

- ccにa, o, uのいずれかが続くと、2つ目のcはかたいCになる。
  （例）accommodation（宿泊施設）、accumulate（蓄積する）
  *cc = /k/
- ccにi, eのどちらかが続くと、2つ目のcはやわらかいCになる。
  （例）accept（受け取る）、accessary（アクセサリー）

*cc = /ks/

いかがでしょうか。(1)と(2)を比べてみると、似ている点があることがわかりますよね。UNIT 42では、ccを/ks/と読む単語を取り上げましたので、ここでは/k/と読む単語のグループをご紹介します。

- accommodation（宿泊施設）
- accounting（会計）
- accuracy（正確性）
- accuse（告発する）
- hiccup（しゃっくり）
- mecca（多くの人の憧れの地）
- occasion（出来事）
- occupy（占める）
- occur（生じる）
- tobacco（タバコ）

ccの後に来る母音字にも目を配りながら、それぞれの単語を声に出して読んでみてくださいね。

音声変化をマスターしよう！〜ストーリーからピックアップ〜

音声をよく聞き、英文を声に出して言ってみましょう。

1 You'll be connected as soon as an operator becomes available.

2 Reservations can also be made through our website.

3 Check our customer reviews that can give you some tips.

4 Your call is in a line.

5 Please hold.

	ターゲット	フォニックスナビ	発音記号	変化のタイプ
1	soon as	n + a	/n ə/	**連結**
2	made through	d + th	/d θ/	**脱落**
3	review	-	/rivjúː/	**カタカナ**
4	is in a	s + i n + a	/z i/ /n ə/	**連結**
5	hold	-	/hould/	**カタカナ**

1　nとaがくっついて「スーンナズ」に。

2　dとthが隣り合うと、dの音が落ち「メイッスルー」に。throughのthは息のTHです。

3 カタカナ発音に注意！　レビューではなく「リヴュー」。iew は例外のつづり字で /juː/（「ユー」）と読みます。re-view（再び眺める）から「見直す」という意味に。

4 s と i、n と a がそれぞれくっついて全体では「ィズィンナ」になります。

5 カタカナ発音に注意！　ホールドではなく「ホォウド」。hold の o は /ou/、o のアルファベット読みです。

ディクテーション

仕上げとして、当ユニットのストーリーを聞き、書き取ってみましょう。

Tongue Twister　フォニックスと数字の早口言葉

Track 131

I cycle **5.25 kilometers** to work in the city center.

（私は都心までの 5.25km を自転車で通勤する）

※ 5.25（five point two five）

UNIT 46 折り返しメッセージ

Track 132

▶ 人物　アシスタントのいる社員

▶ スタイル　ボイスメッセージ　▶ フォーマル度　★☆☆

打ち合わせ日についてクライアントに折り返しの連絡をしていますが、メッセージの内容から、ジェニファーがとても有能であることがわかりますね。

Hi. I'm calling to respond to your message. I've checked my schedule and either day is available, but I'd prefer the 27th, if that's OK with you. I'll be in the office all afternoon tomorrow, so you can pick a time—whatever suits you best. Just in case: if I'm not around, talk to my assistant, Jennifer. She can help you with anything you need. Also, she'll prepare the documents you mentioned you'd like to refer to during the meeting. Thank you.

- respond（返答する）
- either（どちらかの、いずれか一方の）
- pick a time（時間を選ぶ）
- suit（[都合が] 合う）
- just in case（念のため）
- refer to（～に言及する、触れる）

こんにちは。いただいたメッセージに折り返しお電話をしています。当方のスケジュールを確認したところ、どちらの日程も大丈夫ですが、もし可能であれば27日を希望します。明日の午後はずっと社内におりますので、最もご都合の良いお時間をお選びいただけたらと思います。念のため、もし私が席にいない場合、アシスタントのジェニファーとお話しください。必要なことがあれば、彼女が対応します。また、会議で参考にしたいとおっしゃった書類も彼女が準備をいたします。よろしくお願いいたします。

フォニックスのルールと音を✔チェック！

単語		つづり字	発音記号	フォニックス・ルール	ルール番号
schedule（スケジュール）	①	sch	/sk/	子音混合音	55
	②	e	/e/	1字つづりの母音	3
	③	d	/dʒ/	1字つづりの子音	18
	④	u	/uː/	サイレントE ※⑥と連動	39
	⑤	l	/l/	1字つづりの子音	21
	⑥	e	-	読まない	-

▶① 2字つづりの子音である ch の規則的な読み方は「チ」（/tʃ/）ですが、sch の場合は ch が「ク」（/k/）となります。schedule（スケジュール）、school（学校）、scholar（学者）、scheme（計画）といった単語に現れるつづり字です。なお、「あいまい母音」のことを「シュワー」とも言うのですが、つづり字がなかなかユニークでして schwa と表記します。（この sch は /ʃ/ です）

▶③ 発音記号を見ていただくとわかりますが、schedule の d は /dʒ/ で、j と同じ音ですね。弱母音（ここでは u）の前の d にそのような現象が起こります。他にも educate（教育する）や gradual（徐々の）などがあります。

単語		つづり字	発音記号	フォニックス・ルール	ルール番号
either（どちらか一方の）	①	ei	/iː/ または /ɑi/	アルファベット読み	1
	②	th	/ð/	2字つづりの子音	31
	③	er	/ər/	弱母音	88

▶① either の発音は「イーザー」なのか「アィザー」なのか、これもよくいただく質問です。アメリカでは前者、イギリスでは後者というように一般的な解釈がありますが、イギリス人と話していると「イーザー」を使う人も結構いるなぁという印象を受けます。イギリス人の友人曰く、「近年はドラマや映画などを通して、アメリカ文化が英国にも浸透してきているので、それが理由なのかもしれない。でも、

果たしてアメリカ人はイギリス人の話す英語がわかるのかな、どうだろう…」と。正解は1つではないと思います。言語はあくまで違いであり、正誤ではないからです。なお、フォニックスの規則で見ると、「イーザー」のほうはeをアルファベット読みしiは黙字、「アイザー」はiをアルファベット読みしeは黙字となっています。

1) イーザーの場合　either　eをアルファベット読みし、iは読まない。
2) アイザーの場合　either　iをアルファベット読みし、eは読まない。

音声変化をマスターしよう！～ストーリーからピックアップ～

音声をよく聞き、英文を声に出して言ってみましょう。

1 I'm calling to respond to your message.
2 I'd prefer the 27th, if that's OK with you.
3 I'll be in the office all afternoon tomorrow.
4 You can pick a time.
5 If I'm not around, talk to my assistant.

	ターゲット	フォニックスナビ	発音記号	変化のタイプ
1	message	-	/mésidʒ/	**カタカナ**
2	OK	-	/òukéi/	**カタカナ**
3	all afternoon	ll + a	/l æ/	**連結 暗いL→ 明るいL**
4	pick a	ck + a	/k ə/	**連結**
5	not around	t + a	/t ə/	**連結 有音のT**

1 カタカナ発音に注意！　メッセージではなく「メッスィジ」。-ageは/idʒ/です。
2 カタカナ発音に注意！　オーケーではなく「オゥケィ」です。カタカナ英語では母音が「ー」と伸びていますね。
3 llとaがくっついて「オーラフタヌーン」に。allのllは暗いLですが、aと連結することで明るいLに転じます。

4 ckとaがくっついて「ピッカ」に。

5 tとaがくっついて「ナラァラウンッ」に。tが「ラ」に変調しています。なお、Tを有音化させない場合は「ナタァラウンッ」です。

ディクテーション

仕上げとして、当ユニットのストーリーを聞き、書き取ってみましょう。

Tongue Twister　フォニックスと数字の早口言葉

Track 133

The scholar checks the school schedule **every few hours.**

（その学者は学校の予定表を数時間おきにチェックする）

UNIT 47 | ワインパーティー

Track 134

▶ 人物　ホームパーティーのホスト

▶ スタイル　ボイスメッセージ　▶ フォーマル度　★☆☆

いろいろと名前が登場しますが、メッセージを残しているシンディーはパーティーの主催者で、共通の友人に声をかけています。

Hi, Ed. This is Cindy. I was just wondering if you were interested in coming over to our place on Saturday. We're having a small wine party. John ordered some fantastic new bottles when he was on vacation in Italy and they've just arrived. How about joining us? I've also asked our old friends Kim and Bill, and they're coming, too. It's going to be a lot of fun. I'm so excited! So, let us know. Thanks.

- come over（こっちに来る）
- fantastic（すてきな、すばらしい）
- order（注文する）
- bottle（瓶）※ここではワインボトルのこと。

ハーイ、エド。シンディーよ。土曜日にうちに来るのは興味があるかしら。こじんまりとしたワインパーティーを開く予定なの。イタリアの旅行中にジョンがすてきなワインを注文してくれたんだけど、ちょうど届いたのよ。参加しない？　旧友のキムとビルにも声をかけたわ。2人も来るって。きっと楽しくなるわよ。わくわくするわ！　じゃあ、教えてね。ありがとう。

フォニックスのルールと音を✔チェック！

単語		つづり字	発音記号	フォニックス・ルール	ルール番号
bottle（ボトル）※本文では複数形です。	①	b	/b/	1字つづりの子音	8
	②	o	/ɑ/	1字つづりの母音	5
	③	tt	/t/	1字つづりの子音（2字1音）	11
	④	l	/l/	1字つづりの子音	21
	⑤	e	-	読まない	-

▶③④⑤　people や able などは語尾が「ポゥ」「ボゥ」になると p. 197 で学びましたが、さらに発展して -tle の読み方を見ていきましょう。-ple は“ポゥ系”、-ble は“ボゥ系”としましたので、-tle（または -ttle）を語尾に持つグループを“ロゥ系”と呼ぶことにします。本来、-tle は「トゥ」なのですが、T の有音化が起こると「ロゥ」になります。

※イメージしやすいように、読み方をカタカナで表します。

-tle（ロゥ系）➡ title（タイロゥ）、battle（バロゥ）、shuttle（シャロゥ）、
turtle（ターロゥ）、kettle（ケロゥ）
【意味】タイトル、戦い、シャトル便、ウミガメ、やかん

なお、-tle の発音記号は /tl/ で、これで1つの音節を作ります。

単語		つづり字	発音記号	フォニックス・ルール	ルール番号
excited（わくわくする）	①	e	/i/	弱母音	87
	②	x	/ks/	1字つづりの子音	24
	③	c	/s/	1字つづりの子音	13
	④	i	/ɑi/	アルファベット読み	1
	⑤	t	/t/	1字つづりの子音	11
	⑥	i	/i/	弱母音	87
	⑦	d	/d/	1字つづりの子音	12

▶②③　さて、x に関するつづり字の読み方も今回がラストとなります。excited の下線部分のように、xc のつづり字を含む単語を見てみましょう。xc をどう読むか、ちょっと考えてみてください。

単語	意味	単語	意味
1）exceed	超える	4）excuse	許す
2）except	～以外は	5）excursion	小旅行
3）excited	ワクワクする		

答えですが、1)～3)は /ks/、4)と 5)は /ksk/ です。

1)～3)のほうからお話ししますね。x の基本的な読み方は /ks/ ですが、xc の後に e または i が続くと c は /s/ になります（exceed では赤い部分が母音字です）。このときの xc の音を並べると /kss/、ただし /ss/ は 1 音扱いになるため /ks/ となります。exceed で流れを見ると、下線部分は kss → ks ですね。よって、excited の表②と③の /s/ は 1 音として読みます。

4)と 5)も x の読み方は /ks/ のままですが、xc の後に a, o, u のどれかが続くと c は /k/ になります（excursion では赤い部分が母音字です）。つまり、こちらの xc は /ksk/。excursion ですと、下線部分が /ksk/ になります。

UNIT 45 の cc のように、xc にもかたい C とやわらかい C との関連性があるのです。このように、例外こそあれ英語のつづり字にはロジカルな要素がたくさん含まれています。学んだことを応用することで、つづり字の読み方のバリエーションがますます広がっていきますね。

音声変化をマスターしよう！～ストーリーからピックアップ～

音声をよく聞き、英文を声に出して言ってみましょう。

1 This is Cindy.
2 John ordered some fantastic new bottles.
3 He was on vacation in Italy.
4 How about joining us?
5 I'm excited.

	ターゲット	フォニックスナビ	発音記号	変化のタイプ
1	this is	s + i	/s i/	**連結**
2	ordered some	d + s	/d s/	**脱落**
3	in Italy	n + i	/n ɪ/	**連結**
4	joining us	ng + u	/ŋ ʌ/	**連結**
5	excite	-	/iksáit/	**カタカナ**

1 s と i がくっついて「ディスィズ」に。this の th は声の TH です。

2 d と s が隣り合うと、d の音が落ち「オーダッサム」に。

3 n と i がくっついて「イニタリィ」。このように国名などの固有名詞にも連結による変化が起こります。

4 ng と u がくっついて「ジョイニンガス」になります。

5 カタカナ発音に注意！　エキサイトではなく「イクサイト」です。xc は /ks/ でしたね。なお、本文では形容詞の excited になっています。語尾の ed は /id/ と発音します。

ディクテーション

仕上げとして、当ユニットのストーリーを聞き、書き取ってみましょう。

Tongue Twister　フォニックスと数字の早口言葉

Track 135

No hustle. Take the 8:35 shuttle, and you'll be there in time.

（慌てないで。8 時 35 分のシャトルに乗れば、時間までに到着します）

※ 8:35（eight thirty-five）

UNIT 48 | フライトキャンセル

Track 136

▶人物　空港スタッフ
▶スタイル　アナウンス　▶フォーマル度　★★☆

悪天候によるフライトキャンセルという状況の中、聞き手には外国人も含まれるため、わかりやすいはっきりとしたアナウンスです。

ABC Airlines regrets to announce Flight 157 to Malaysia has been canceled due to the bad weather conditions. To all passengers who have already checked in, please proceed to ABC Airlines Counter D to collect your baggage and reschedule your flights. We deeply regret any inconvenience the flight cancellation may cause, and we'll try our best to minimize the impact of the disruptions. Thank you.

- regret（残念である、遺憾である）
- proceed to（〜へ進む）
- reschedule（スケジュールを変更する）
- inconvenience（不便、面倒）
- minimize（最小限にとどめる）
- disruption（混乱）

ABC 航空は、悪天候によりマレーシア行きのフライト 157 便がキャンセルになったことをお知らせ申し上げます。すでにチェックインを済ませたお客様は、荷物のお受け取りとフライトの再予約のために、ABC 航空 D カウンターまでお越しください。フライトキャンセルによるご面倒を心よりお詫び申し上げます。皆様のご不便を最小限で抑えられますよう、当社といたしましても最善を尽くしてまいります。

フォニックスのルールと音を✔チェック！

単語		つづり字	発音記号	フォニックス・ルール	ルール番号
flight（フライト）	①	fl	/fl/	子音混合音	64
	②	igh	/ɑi/	ighのつづり字	93
	③	t	/t/	1字つづりの子音	11

▶② flight（フライト）と freight（貨物）ですが､見た目が似ていますよね。flight の下線部分は /ɑi/、freight は /ei/ ですので、それぞれの発音は「フライト」と「フゥレイト」です。紛らわしいつづり字ですので、表にしてまとめておきましょう。

	つづり字	発音記号	単語		
1)	igh	/ɑi/	flight（フライト）	night（夜）	light（光）
2)	eigh	/ei/	freight（貨物）	eight（8）	sleigh（そり）

1) igh のとき、i は「アィ」と読む。(= i のアルファベット読み) + 黙字の gh
2) eigh のとき、ei は「エィ」と読む。(= 母音ペア②) + 黙字の gh

ただし、height は要注意。こちらは 1)の読み方が適用されているのです。よって、正しくは「ヘイト」ではなく「ハイト」(/hɑit/) です。

単語		つづり字	発音記号	フォニックス・ルール	ルール番号
weather（天気）	①	w	/w/	1字つづりの子音	25
	②	ea	/e/	準ルール	99
	③	th	/ð/	2字つづりの子音	31
	④	er	/ər/	弱母音	88

▶①②③④ weather の同音異義語に whether があります。「～かどうか」という意味の接続詞で､I don't know whether he will come.（彼が来るかどうかわからな

い）のように使います。さて、この２つは同音異義語と書きましたが、そうなるためには１つの条件があります。それは whether の h を読まないということ。wh はユニークなつづり字で、wh と表記しながらも発音は /hw/、つまり h → w の順番で読みます。また、辞書では /(h)w/ と表記されることが多いのですが、その理由としては h を読まないネイティブが多いからなんですね。つまり weather と whether が同音異義語になりえるのは後者の単語の h の音が落ちることが条件になります。なお、私の所有する辞書には、そもそも /h/ の表記がないものもあります。I don't know whether the weather will be fine tomorrow. などという英文をさらっと言ってみたいものです！

音声変化をマスターしよう！～ストーリーからピックアップ～

音声をよく聞き、英文を声に出して言ってみましょう。

1 Flight 157 to Malaysia has been canceled.
2 To all passengers who have already checked in, please proceed to Counter D.
3 Please collect your baggage.
3 We deeply regret any inconvenience the flight cancellation may cause.
4 We'll try our best to minimize the impact of the disruptions.

	ターゲット	フォニックスナビ	発音記号	変化のタイプ
1	Malaysia	-	/məléiʒə/	**カタカナ**
2	checked in	d + i	/t i/	**連結**
3	collect your	t + y	/t j/	**同化**
4	flight cancellation	t + c	/t k/	**脱落**
5	impact of	t + o	/t ə/	**連結**

1 カタカナ発音に注意！　マレーシアではなく「マレィヂャ」です。「レィ」に強いアクセントが来ます。
2 d と i がくっついて「チェックティン」に。checked の d は /t/ です。
3 t と y が隣り合うと、音の変化が起き「コレクチュア」。t + y（/t j/）は /tʃ/ になります。
4 t と c が隣り合うと、t の音が落ち「フライッキャンセレィション」に。
5 t と o がくっついて「インパクトヴ」に。

ディクテーション

仕上げとして、当ユニットのストーリーを聞き、書き取ってみましょう。

Tongue Twister　フォニックスと数字の早口言葉

Tell me whether the weather is good in Dubai **at this very moment.**
(今現在のドバイの天気が良いかどうかを教えて)

UNIT 49 | キャンペーン戦略

Track 138

▶人物　PR部署の社員

▶スタイル　プレゼン　▶フォーマル度　★★★

広告の雑誌掲載に関するプレゼンです。2文目はとても長いので、きちんと相手に内容が伝わるようにポーズを挟んでいます。

We plan to launch the new advertising campaign on April 2. Since our major products are targeted at the teenage and young adult market, we've decided on a series of early evening nationwide TV commercial spots and three month-long half-page spreads in four of the best-selling teenage magazines. We're hoping to create a huge buzz on social networking, too. Now, here's a breakdown of projected spending for the campaign.

- launch（開始する）
- nationwide（全国的な）
- half-page spread（半ページの誌面広告）
- buzz（評判）
- breakdown（詳細）
- projected（予定している）
- spending（支出）

4月2日に新規の広告キャンペーンを開始する予定です。我が社のメインターゲット層はティーンエージャー、ヤングアダルト層ですので、夕方の全国テレビ放送に一連のコマーシャル枠と、売れ行きの良いティーン向けの4誌に3カ月間の半ページ広告を載せることにしました。ソーシャルネットワークを駆使することで大きな反響を狙っています。では、こちらはキャンペーンの予想支出に関する概要です。

フォニックスのルールと音を✓チェック！

単語		つづり字	発音記号	フォニックス・ルール	ルール番号
campaign（キャンペーン）	①	c	/k/	1字つづりの子音	9
	②	a	/æ/	1字つづりの母音	2
	③	m	/m/	1字つづりの子音	19
	④	p	/p/	1字つづりの子音	7
	⑤	ai	/ei/	母音ペア①	41
	⑥	gn	/n/	語尾のgn	98

▶③④⑥　mとpには共通性があり、どちらも発声をする際に唇はくっついたままです。試しにcamまで言ってみてください。mのときに唇は貝のように閉じているはずです。次にcampまで言ってみましょう。どうですか、同じ口のかたちのままですよね。これはmとpに共通する両唇の閉鎖という調音法が1つにまとまっている状態なのです。つまりcampaiで初めて唇が開放されるのですが、mを発声した後に唇を離すと「ムプ」になってしまいます。要は、pinkをピヌクと言わないのと同様の仕組みがここにあるのです。そうでなければcampaignは"キャムペィン"になってしまっているはずですから。

単語		つづり字	発音記号	フォニックス・ルール	ルール番号
adult（成人）※こちらはアメリカ英語の強勢の位置です。	①	a	/ə/	弱母音	86
	②	d	/d/	1字つづりの子音	12
	③	u	/ʌ/	1字つづりの母音	6
	④	l	/l/	1字つづりの子音	21
	⑤	t	/t/	1字つづりの子音	11

▶①②③　単語によっては、複数の発音記号が載っているものがあります。adultもその1つで、原則、第2アクセント（uの箇所）に強勢があるのはアメリカ英語、第1アクセント（aの箇所）に強勢があるのはイギリス英語です。実は、生徒さんから「アメリカ英語とイギリス英語、どちらの発音を学んだほうがいいですか？」という質問を受けることがありますが、私の答えとしては「どちらも可」です。オンラインの動画配信サイトではさまざまな国のドラマや映画が視聴できますし、ネットの

おかげで必要な情報もすぐに手に入るようになりました。自分が子どものときと比べて世界は本当に小さくなったなぁと実感します。UNIT 46 の、either の読み方のところでも触れましたが、アメリカ英語、イギリス英語というくくりは今も存在する一方で、以前ほどその境界線は明確ではなくなってきているように感じます。現代において、言語は文化交換の一端を担っています。先ほど「どちらも可」としたのは、両方を知っていて困ることはない、ということ。1つ言えるとすれば、整合性を保つために、ご自身がどちらの（またはどちら寄りの）英語に興味があるか、または必要であるかを考えることをお勧めします。

では、ここでは英米によってアクセントの位置が変わる単語をご紹介します。

※太字の箇所が強く読まれるところです。

アメリカ英語	イギリス英語	意味
adult	adult	成人
advertisement	advertisement	広告
garage	garage	ガレージ
harassment	harassment	ハラスメント
massage	massage	マッサージ

イギリス人の知り合いに、アメリカ映画の大ファンがいまして、会話をしているときにアメリカ英語のアクセントが時々現れます。これも文化の影響なのでしょう。個人的には地域によるアクセントや方言というのは学んで実に楽しいものです。皆さんも映画やドラマを観るときに「どんな英語が使われているのかな？」と、ちょっと立ち止まって考えてみてはいかがでしょうか。新たな発見があるはずです。

音声変化をマスターしよう！〜ストーリーからピックアップ〜

音声をよく聞き、英文を声に出して言ってみましょう。

1 We plan to launch the new advertising campaign.
2 Our major products are targeted at the teenage market.
3 We've decided on a series of early evening nationwide TV commercial spots.
4 We're hoping to create a huge buzz.
5 Here's a breakdown of projected spending.

	ターゲット	フォニックスナビ	発音記号	変化のタイプ
1	campaign	-	/kæmpéin/	**カタカナ**
2	major	-	/méidʒər/	**カタカナ**
3	decided on	d + o	/d ɑ/	**連結**
4	create a	t + a	/t ə/	**連結** **有音のT**
5	here's a	s + a	/z ə/	**連結**

1 カタカナ発音に注意！　キャンペーンではなく「キャンペィン」。campaign の g は黙字ですので読み飛ばしてください。

2 カタカナ発音に注意！　メジャーではなく「メイジャァ」です。アメリカの大リーグを日本語では「メジャーリーグ」と呼んでいますが、英語では major の a は二重母音です。

3 d と o がくっついて「ディサイディドン」に。

4 t と a がくっついて「クリエィラ」に。なお、T を有音化させない場合は「クリエィタ」。

5 s と a がくっついて「ヒァザ」に。なお、here's は here is の短縮形です。

ディクテーション

仕上げとして、当ユニットのストーリーを聞き、書き取ってみましょう。

Tongue Twister　フォニックスと数字の早口言葉

Track 139

Charlotte chooses the champagne that costs a fortune!
（シャーロットはとても高額なシャンパンを選ぶ！）

UNIT 50 | 英語学習は長い旅

Track 140

▶人物　英会話の講師

▶スタイル　スピーチ　▶フォーマル度　★★☆

レッスン初日の新入生に向けたウェルカム・メッセージ。英語学習を長旅に喩え、かっこよく素敵にスピーチが締めくくられています。

Many people believe that textbook English and practical English are often inconsistent. It might be true. There are a variety of learning methods you can try to improve your language skills, but one key aspect of mastering colloquial English is talking and listening to native speakers. It's hard at first, but once you get the hang of it, it will become much easier. Language learning is a long journey. Take your time and enjoy every single moment while you're on board. Bon voyage!

- practical（実用の）
- inconsistent（一貫性していない、相反する）
- aspect（観点）
- colloquial（口語の、会話体の）
- get the hang of（～のコツがわかる）
- on board（[飛行機や船で］旅をしている）
- Bon voyage.（良い旅を）　※長旅へ出る人へのあいさつ。

多くの人は、教科書英語と実用英語は同じものではないと思っています。それは事実かもしれません。語学スキルを上達させるためのメソッドはさまざまですが、日常英会話を習得するためのキーポイントは、ネイティブスピーカーと話をしたり、彼らの英語を聞いたりすること。初めのうちは大変かもしれません。でも、ひとたびコツをつかめば、より簡単に感じていくでしょう。語学学習は長い旅。ゆっくりと時間をかけて、毎分ごとに道中を楽しんでくださいね。良い旅を！

フォニックスのルールと音を✔チェック！

単語		つづり字	発音記号	フォニックス・ルール	ルール番号
key（重要な）	①	k	/k/	1字つづりの子音	9
	②	ey	/iː/	例外	100

▶② key の同音異義語に quay があります。「岸壁」という意味ですが、key と同様にこちらも例外中の例外のつづり字です。面白い組み合わせでもありますので、つづり字の読み方を表にしてみますね。

重要な	発音記号	岸壁
k	/k/	qu
ey	/iː/	ay

なお、quay のほうは /kei/ や /kwei/ といった複数の読み方も認められますので、必ずしも常に key と一致するというわけではないのですが、読み方が何通りもあること自体、とても厄介なつづり字であると言えるでしょう！

単語		つづり字	発音記号	フォニックス・ルール	ルール番号
colloquial（会話体の）	①	c	/k/	1字つづりの子音	9
	②	o	/ə/	弱母音	86
	③	ll	/l/	1字つづりの子音（2字1音）	21
	④	o	/ou/	アルファベット読み	1
	⑤	qu	/kw/	1字つづりの子音	23
	⑥	i	/i/	弱母音	87
	⑦	a	/ə/	弱母音	86
	⑧	l	/l/	1字つづりの子音	21

▶①〜⑧ colloquial を正確に発音できる方はどれくらいいらっしゃるでしょうか？ なかなか難しいですよね。多音節の単語はまさに学習者泣かせ。なぜなら、音節が増えるごとに弱母音も増えていくからです。弱母音の発音を苦手としている

方は非常に多く、colloquialに至っては4音節ですので、難易度もトップ級。あえてカタカナで表せば「コロクウィオゥ」ですが、やはりきちんと身につけたいところ。そこで、音読のスキルを向上させるためには、基本の音をまずはしっかりと習得し、語彙力を増やすことが大切です。それもただ意味を知っているだけはなく、自然に正しい音が口をついて出てくるようになるまで訓練することです。

ここまでフォニックス、発音記号、カタカナ(時には漢字！)を使って英語のつづり字の面白さをお話ししてきましたが、英語学習にはやはり辞書は欠かせません。そこで、辞書のガイドワード(guide word)を使った学習をお勧めします。ガイドワードは、各ページの見開き上段の各サイドに印刷されている単語のこと。要はこの単語からこの単語までが当ページには載っていますよ、とガイドしてくれる語のことです。

辞書を片っ端から覚えていくというのは、あまり効率的ではないかもしれませんので、ガイドワードから覚えていくのはいかがでしょうか。本当に楽なのです。なぜなら、ページの先頭と終わりにある語なので探す手間がないのです！　私も時々やっていますが、面白い単語との出会いもあり充実した時間を過ごしています。英英もよし、英和もよし。ぜひ皆さんもお試しください。

音声変化をマスターしよう！～ストーリーからピックアップ～

音声をよく聞き、英文を声に出して言ってみましょう。

1 It might be true.
2 It's hard at first.
3 Once you get the hang of it, it will become much easier.
4 Language learning is a long journey.
5 Enjoy every single moment while you're on board.

	ターゲット	フォニックスナビ	発音記号	変化のタイプ
1	might be	t + b	/t b/	**脱落**
2	hard at	d + a	/d ə/	**連結**
3	hang of it	ng + o f + i	/ŋ ə/ /v i/	**連結**
4	learning is a	ng + i s + a	/ŋ i/ /z ə/	**連結**
5	you're	-	/jər/	**短縮**

1 t と b が隣り合うと、t の音が落ち「マイッビー」に。なお、gh は黙字ですので読み飛ばしましょう。

2 d と a がくっついて「ハーダッ」になります。

3 ng と o、f と i がそれぞれくっつき全体では「ハンゴヴィッ」に。

4 ng と i、s と a がくっつき「ラーニンギザ」に。

5 you are の短縮形 you're は「ヨァ」のように響きます。

ディクテーション

仕上げとして、当ユニットのストーリーを聞き、書き取ってみましょう。

Tongue Twister　フォニックスと数字の早口言葉

Track 141

I found a key at the quay 20 km away from here.

(ここから 20 キロ離れた埠頭で鍵を見つけた)

※音声では、この quay は /kwei/ で読まれています。

フォニックス・クイズ | UNIT 42 ▶ 50

間違ったつづり字は音の誤変換によるものです。そこで、「和訳」と「間違ったつづり字」を線で結び、「正しいつづり字」に直していきましょう。

クイズ 1

和訳	間違ったつづり字	正しいつづり字
① 重要な・	・campein	[ ]
② ボトル・	・ekscitid	[ ]
③ キャンペーン・	・acomodeishon	[ ]
④ わくわくする・	・kolokwial	[ ]
⑤ ぎこちない・	・botle	[ ]
⑥ タイ・	・kee	[ ]
⑦ 会話体の・	・auckword	[ ]
⑧ 宿泊施設・	・Tieland	[ ]
⑨ 幸福・	・happyness	[ ]

/9

答え

クイズ 1

① 重要な	kee	→	[key]
② ボトル	botle	→	[bottle]
③ キャンペーン	campein	→	[campaign]
④ わくわくする	ekscitid	→	[excited]
⑤ ぎこちない	auckword	→	[awkward]
⑥ タイ	Tieland	→	[Thailand]
⑦ 会話体の	kolokwial	→	[colloquial]
⑧ 宿泊施設	acomodeishon	→	[accommodation]
⑨ 幸福	happyness	→	[happiness]

クイズ 2

和訳	間違ったつづり字	正しいつづり字
① 購入・	・chip	[ ]
② スケジュール・	・adalt	[ ]
③ フライト・	・fleight	[ ]
④ ヒント・	・iether	[ ]
⑤ 受け取る・	・skejule	[ ]
⑥ 成人・	・whether	[ ]
⑦ どちらか一方の・	・perchace	[ ]
⑧ 天気・	・akscept	[ ]

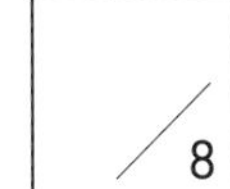

答え

クイズ 2

① 購入	perchace	→	[purchase]
② スケジュール	skejule	→	[schedule]
③ フライト	fleight	→	[flight]
④ ヒント	chip	→	[tip]
⑤ 受け取る	akscept	→	[accept]
⑥ 成人	adalt	→	[adult]
⑦ どちらか一方の	iether	→	[either]
⑧ 天気	whether	→	[weather]

UNIT 42 ▶ 50 のまとめ

	タイトル	学んだこと1	学んだこと2	学んだこと 3
UNIT 42	プロポーズで超緊張	**awkward** **w** + [**ar**, **or**, **a**, **o**] のとき、母音の読み方が変わることがある。	**accept** **cc** の後に **e** または **i** が続くとき、**cc** は「クス」と読む。	
UNIT 43	お買い得情報	**purchase** 接尾辞にはそれ自身に強いアクセントがつくものがある。	**tip** 日本人はローマ字の影響から「ティ」を「チ」と読み違えてしまう傾向がある。 ※ **UNIT** 13 を参照のこと。	
UNIT 44	退職します	**Thailand** **h** を読まない **th** は例外のつづり字。	**Thailand** 「アィ」と読む **ai** は例外のつづり字。	**happiness** 語頭の **h** は、日本人にとって意識改革が必要な音。息の放出がものを言う。
UNIT 45	宿泊予約	**accommodation** **cc** の後に **a**, **o**, **u** のいずれかが続くとき **cc** は「ク」と読む。		
UNIT 46	折り返しメッセージ	**schedule** **sch** のつづり字のとき、**ch** の音は /k/ になる。	**either** **either** には「イーザー」と「アィザー」の読み方がある。	

	タイトル	学んだこと1	学んだこと2	学んだこと 3
UNIT 47	ワイン パーティー	**bottle** 語尾の **tle** および **ttle** の **t** は有音の **T** になるため「ロゥ」のように響く。なお、**l** は暗い **L** なので全体では「ロゥ」。	**excited** **xc** には 2 通りの読み方がある。	
UNIT 48	フライト キャンセル	**flight** **igh** の **i** は「アィ」、**eigh** の **ei** は「エィ」と読む。前者は **i** のアルファベット読み、後者は新しい音となる。	**weather** つづり字の **wh** は **hw** の順番で読むか、または **w** だけを読む。(なお、**h** だけを読む場合もある。※ **UNIT** 37 を参照のこと)	
UNIT 49	キャンペーン 戦略	**campaign** **m** と **p** は唇をくっつけて音を作るが、このように同じ調音点の子音が連なるとき、口のかたちを変えずに発音する。	**adult** アメリカとイギリスでは、強アクセントの位置が異なる単語がある。	
UNIT 50	英語学習 は長い旅	**key** **key** と **quay** は同音異義語。見た目と音に惑わされないように。	**colloquial** 辞書のガイドワードを使って語彙力を高めよう。	

フォニックス・キーワードINDEX

英数字

あ

か

さ

た

は

や

ら

ボキャブラリー INDEX

A

B

C

D

E

F

G

O

P

R

S

T

U

V

W

Y

著者略歴

ジュミック今井(Jumique Imai)

東京都渋谷区にて英会話教室を主宰、翻訳業及び語学書の執筆活動を行っている。NPO法人「J-Shine小学校英語指導者」資格者。2013年、中国文化大学(台湾)にて日本語教師養成班を修了、国内外で日本語教師としても活動中。American Council on the Teaching of Foreign Languages(全米外国語教育協会)学会に所属、ACTFL公認OPI英語・日本語テスター。

主な著書に『フォニックス英語リスニング』『英語でネイティブみたいな会話がしたい!』(以上、クロスメディア・ランゲージ)、『フォニックス〈発音〉トレーニングBOOK』『フォニックス〈発音〉エクササイズBOOK』『フォニックスできれいな英語の発音がおもしろいほど身につく本』『イギリス英語フレーズブック』『やっぱりイギリス英語が好き!』(以上、明日香出版社)、『はじめてのフォニックス①〜⑤』(Jリサーチ出版)、『どうしても聞き取れない　耳をほぐす英語リスニング　ほぐリス!』(DHC)、『えいご大好き!　ママとキッズのはじめてのフォニックス』(すばる舎)、共著に『U.S.A.小学校テキスト発　英語deドリル』(講談社)などがある。

● ジュミック今井のブログ:http://jumiqueimai.blog.fc2.com/

● Twitterアカウント:@jumiqueimai

〔編集協力〕 Tracey Kimmeskamp

フォニックス英語音読

2021年 8月 1日　第1刷発行
2023年 8月26日　第2刷発行

著者　ジュミック今井
発行者　小野田幸子
発行　株式会社クロスメディア・ランゲージ
〒151-0051 東京都渋谷区千駄ヶ谷四丁目20番3号
東栄神宮外苑ビル　https://www.cm-language.co.jp
■本の内容に関するお問い合わせ先
TEL (03)6804-2775　FAX (03)5413-3141

CrossMedia LANGUAGE

発売　株式会社インプレス
〒101-0051 東京都千代田区神田神保町一丁目105番地
■乱丁本・落丁本などのお問い合わせ先
FAX (03)6837-5023　service@impress.co.jp
※古書店で購入されたものについてはお取り替えできません。

カバーデザイン	竹内雄二	営業	秋元理志
本文デザイン	都井美穂子、木戸麻実	画像提供	iStock.com/princigalli
本文イラスト	三重野愛梨	録音・編集	株式会社巧芸創作
DTP	株式会社ニッタプリントサービス	印刷・製本	中央精版印刷株式会社
編集協力	佐々木美幸、高橋知里、久保田怜奈、岩瀬恵理子、前多来美、長沼陽香		ISBN 978-4-295-40573-3 C2082
ナレーション	Carolyn Miller, Josh Keller		©Jumique Imai 2021
			Printed in Japan